CONSUMO

PAULA BARROS

CONSUMO

ALMEDINA

CONSUMO

AUTOR
PAULA BARROS
COORDENADOR DA COLECÇÃO "DIREITOS E DEVERES
DOS CIDADÃOS"
EDGAR VALLES

EDITOR
EDIÇÕES ALMEDINA, SA
Av. Fernão Magalhães, n.º 584, 5.º Andar
3000-174 Coimbra
Tel.: 239 851 904
Fax: 239 851 901
www.almedina.net
editora@almedina.net

PRÉ-IMPRESSÃO | IMPRESSÃO | ACABAMENTO
G.C. – GRÁFICA DE COIMBRA, LDA.
Palheira – Assafarge
3001-453 Coimbra
producao@graficadecoimbra.pt

Outubro, 2009

DEPÓSITO LEGAL
301144/09

Os dados e as opiniões inseridos na presente publicação
são da exclusiva responsabilidade do(s) seu(s) autor(es).

Toda a reprodução desta obra, por fotocópia ou outro qualquer
processo, sem prévia autorização escrita do Editor, é ilícita
e passível de procedimento judicial contra o infractor.

Biblioteca Nacional de Portugal – Catalogação na Publicação

BARROS, Paula

Consumo. – (Direito e deveres dos cidadãos)
ISBN 978-972-40-3881-0

CDU 346
     366

ADVERTÊNCIA

Na elaboração deste guia, teve o autor a preocupação essencial de traduzir em linguagem acessível o que de mais relevante decorre da legislação vigente em Portugal sobre o tema, de forma a que o cidadão possa apreender as questões que lhe surgem no dia-a-dia.

Tendo em conta a extensão da matéria e a diversidade das situações da vida real, não é possível, nem conveniente, o seu tratamento exaustivo. Por isso, foram abordadas apenas as situações mais frequentes ou aquelas relativamente às quais pareceu mais necessária ou útil a informação.

As informações constantes desta obra baseiam-se no quadro legal em vigor. Alerta-se, no entanto, o leitor para a diversidade das situações da vida real, para a variedade das circunstâncias, para a possibilidade de alteração da lei e ainda para o facto de as normas jurídicas aplicáveis admitirem, por vezes, mais do que uma interpretação.

Faz-se ainda notar que, tratando-se de uma obra com intuitos essencialmente informativos, é sempre aconselhável a consulta de entidades, serviços ou técnicos especialmente habilitados, designadamente advogados e solicitadores que, dispondo de elementos pertinentes, estarão em condições de fornecer informações ou orientações adequadas sobre os direitos ou as obrigações em causa.

INDICE

Advertência 5

Capítulo 1 – Elementos essenciais do Direito do Consumo 9

Capítulo 2 – Direitos dos consumidores 26

Capítulo 3 – Segurança dos produtos e serviços e protecção contra produtos defeituosos 33

Capítulo 4 – Entidades Reguladoras e de Fiscalização com interesse para os Consumidores 49

Capítulo 5 – Cláusulas contratuais gerais 54

Capítulo 6 – Contratos à distância 69

Capítulo 7 – Contratos ao domicílio e outros Equiparados 87

Capítulo 8 – Vendas automáticas 98

Capítulo 9 – Vendas especiais esporádicas 100

Capítulo 10 – Práticas Comerciais Desleais 103

Capítulo 11 – Associações de Consumidores 116

Anexos
Anexo 1 – Entidades Sectoriais por área de actividade .. 123
Anexo 2 – Entidades Sectoriais de Regulação e Controlo . 127
Anexo 3 – Minutas Tipo 129

Léxico 131

ELEMENTOS ESSENCIAIS DO DIREITO DO CONSUMO
UM CASO PRÁTICO

1. Quero comprar uma máquina de café expresso para casa. O que devo fazer antes de a adquirir?

O consumidor antes de optar deve procurar informação sobre as características das diversas máquinas de café existentes no mercado e verificar qual o tipo que mais se adequa às suas necessidades.

2. Quais as principais características do produto que devo ter em conta na escolha?

A escolha deve ser efectuada em função das necessidades reais e ter em atenção, nomeadamente, a intensidade de uso, o consumo de energia, o preço do café utilizado, o preço de outras peças de reposição, as dimensões, a facilidade de manuseamento, a maior ou menor sujidade que a utilização da máquina provoca, o tempo que necessita para aquecer, o número de cafés consecutivos sem perda de qualidade, etc.

3. Depois de decidir as características do produto, devo ponderar ainda outros elementos antes de comprar?

Sem dúvida. Depois de decidir as características que o produto deve apresentar para satisfazer as suas necessidades, o consumidor deve optar pelo que apresenta a melhor relação qualidade-preço, comparando preços de diferentes marcas e modelos praticados nos diversos estabelecimentos; as garantias oferecidas pelas marcas (mínimo de 2 anos), o serviço de assistência pós venda; as condições de instalação e montagem; as condições, os prazos e eventuais custos de entrega.

O consumidor deve também ponderar as vantagens que lhe são oferecidas pelos diferentes estabelecimentos comerciais, nomeadamente se aceitam trocas ou devoluções, e durante quanto tempo, pois a lei apenas obriga os comerciantes trocar os produtos com defeito e em circunstâncias determinadas, como veremos.

4. No momento da compra o que devo ter em conta?

No momento da compra, ou sempre que receber o produto, o consumidor deve verificar se as condições apresentadas correspondem ao que pretende e lhe foi proposto pelo vendedor.

No acto de entrega, o consumidor deve sempre conferir se a embalagem é de origem, se não foi aberta e se corresponde ao produto (bem) que adquiriu, neste caso a máquina de café. Depois de aberta a embalagem deve identificar se a máquina contém todas as peças, instruções de montagem, instruções de uso e o documento que serve de garantia.

O consumidor nunca deve desfazer-se nem da factura, nem do recibo de compra, e deve guarda-los em bom estado durante todo o tempo em que podem ser necessários e que adiante identificaremos. Estes documentos podem ser essenciais para concretizar os seus direitos, nomeadamente se o aparelho vier a revelar um defeito ou uma *não conformidade*: por exemplo gastar mais energia do que a indicada nas características técnicas ou fazer demasiado ruído.

O recibo de compra é um documento essencial para o consumidor reclamar os seus direitos.

5. Comprei a máquina de café que pretendia, mas decidi que afinal não a quero. Posso devolvê-la?

A compra de uma máquina de café, ou qualquer outro bem, num estabelecimento comercial não confere ao consumidor o direito de troca nem o direito de devolução. Todavia, muitos estabelecimentos comerciais têm essa prática comercial, conferindo aos compradores por contrato não escrito o direito de troca ou de devolução dos bens. Esta prática comercial é benéfica para os consumidores. Por vezes, consta no próprio recibo de compra a menção de que o mesmo é indispensável em caso de troca ou devolução do bem.

6. Existe um prazo para os estabelecimentos aceitarem a troca dos produtos?

Os estabelecimentos que concedem ao consumidor o direito de troca fazem-no durante um período que normalmente varia entre 8 e 15 dias, para trocas ou devoluções, sendo a garantia activada após essa data, através da aposição de carimbo e assinatura no documento de garantia que acompanha o produto, mediante a apresentação do recibo de compra ou da factura. Quando o documento de garantia não é assinado, o recibo de compra é o único documento que permite ao consumidor fazer prova da data da compra para efeitos de accionamento da garantia em caso de defeito ou não conformidade do produto. O consumidor deve ter sempre o máximo cuidado na guarda do recibo de compra pois este é em muitas situações indispensável ao exercício dos seus direitos.

7. Na compra de um electrodoméstico, de uma mobília, um computador ou um serviço deve haver um contrato escrito?

Quando o consumidor compra um *bem móvel* ou um serviço a pronto pagamento, ou com cartão de crédito, em princípio, não existirá um contrato escrito, pois não é obrigatório, sendo-lhe entregue apenas uma factura ou recibo de compra. São as compras usuais do supermercado, da sapataria, do pronto vestir, do quiosque, etc.

8. Nas compras a prestações é obrigatório um contrato escrito?

Sim. A compra a prestações tem um regime diferente das compras a pronto pagamento ou com cartão de crédito.

Quando o preço devido pelo consumidor é pago em prestações é obrigatório existir um contrato escrito que é apresentado ao consumidor para assinatura.

O consumidor deve ter o máximo cuidado quando assina um contrato, especialmente um contrato de compra e venda a prestações, pois pode estar a assinar no mesmo documento, também, um contrato de crédito.

Os contratos de prestação de serviço também podem ser pagos a prestações; o consumidor, nesse caso, pode ser induzido a escolher um tipo de mensalidade com pagamento em prestações "suaves" da jóia de inscrição, por exemplo, e tal pressupor a assinatura, em simultâneo, de um contrato de crédito ao consumo do qual não se aperceba.

9. O que devo fazer perante um contrato com várias páginas e difícil de ler?

Nunca por nunca deve assinar um contrato sem o ler completamente e sem ter a certeza de que compreendeu tudo. O consumidor deve rejeitar, sem hesitação, qualquer tentativa para o apressar a ler e assinar o contrato, por mais que confie no profissional que tem à sua frente.

10. O que posso fazer quando não percebo alguma coisa ou não consigo ler o texto?

Se o contrato for longo, ou alguma cláusula pouco clara, deve (porque a isso tem direito) pedir um tempo de reflexão e, em caso de dúvida, aconselhar-se junto de uma Associação de Consumidores, da Direcção Geral do Consumidor, das Entidades Reguladoras ou de um Advogado.

11. O contrato a prestações é um contrato de crédito ao consumo?

Não. O contrato de compra a prestações tem de ser celebrado por escrito e assinado pelo consumidor, mas não tem obrigatoriamente associado um contrato de crédito ao consumo.

12. O vendedor pode apresentar, simultaneamente com o contrato a prestações, um contrato de crédito, integrado no contrato escrito de compra e venda a prestações?

Como referimos, infelizmente, o consumidor pode não se aperceber, com facilidade, que está a assinar dois contratos: o contrato de compra a prestações e o contrato de crédito ao consumo, com pagamento em tantas prestações quantas as prestações do contrato de compra e venda do produto ou serviço.

Nesses casos, o que o vendedor faz é garantir que recebe imediatamente da instituição financeira o valor da compra; o consumidor fica a pagar à instituição financeira o montante da compra mais os juros do crédito ao consumo.

13. A actuação do vendedor, que conduz o consumidor a assinar um contrato de crédito ao consumo, pensando que está a pagar ao fornecedor em prestações, é legal?

Não. Nesses casos o vendedor está obrigado a cumprir o dever especial de informação, como veremos.

Esta actuação do vendedor não é leal para com os consumidores, pois o vendedor tem um especial dever de informação ao consumidor quando propõe operações de crédito ao consumo, o qual nem sempre cumpre.

O não cumprimento do dever especial de informação confere ao consumidor o direito à protecção dos seus interesses económicos e à reparação dos danos.

14. Qual o principal cuidado que o consumidor deve ter antes de assinar um contrato de compra e venda a prestações?

O consumidor deve certificar-se de que assina um ou dois contratos, conforme o caso, e conferir todas as condições que lhe são propostas.

O consumidor deve exigir e guardar em bom estado de conservação uma cópia de todos os documentos que assinar.

15. A máquina de café começou a fazer barulhos ao fim de seis meses de uso. Que fazer?

O consumidor deve dirigir-se ao estabelecimento onde adquiriu a máquina em causa, levando o recibo de compra (ou a factura) e o documento de garantia (se o houver), e solicitar: ou a troca do bem, ou a sua reparação, ou uma redução do preço, ou a devolução do preço pago, procedendo neste caso à resolução unilateral do contrato. O recibo de compra também substitui o documento de garantia.

O prazo de garantia mínimo legal das máquinas de café, como de qualquer *bem móvel* de consumo duradouro, é de dois anos. O prazo de garantia dos bens imóveis é de cinco anos.

16. O que é o prazo de garantia de um bem?

O prazo de garantia é o período no qual o consumidor pode optar pela reparação do bem, substituição do bem, redução do preço acordado ou *resolução do contrato* devolvendo o bem em causa ao vendedor.

17. Se optar pela reparação ou pela substituição do bem existem prazos para o direito ser satisfeito pelo vendedor?

Quer a substituição, quer a reparação dos bens móveis (neste caso a máquina de café) devem ser efectuadas no prazo máximo de 30 dias e não representar qualquer encargo, nem grave inconveniente, para o consumidor.

As reparações ou substituições em bens imóveis devem ser efectivadas em prazo razoável, o que só pode ser aferido perante a situação concreta.

18. Se o vendedor não proceder à reparação da máquina, nem a quiser trocar, no prazo de um mês quais os mecanismos à disposição do consumidor?

Nessa circunstância estaremos perante um conflito de consumo, para o qual a lei prevê várias formas de solução, se o consumidor quiser fazer valer os seus direitos.

Sem demora deverá enviar uma carta registada com aviso de recepção ao vendedor (ou ao produtor) explicando a situação e reclamando o seu direito, de modo a poder provar que reclamou em tempo os seus direitos. O consumidor deverá também, sempre, dirigir-se a um Centro de Informação e Apoio ao Consumidor e informar-se sobre os centros de mediação de conflitos de consumo e tribunais arbitrais existentes na zona onde mora. O consumidor pode também solicitar a uma associação de consumidores que estabeleça a mediação entre si e o vendedor ou pode recorrer à Direcção Geral do Consumidor. Como veremos mais adiante, o consumidor pode também apresentar o seu caso ao Julgado de Paz da sua área.

19. O consumidor pode escolher entre substituição do produto, reparação, redução de preço ou resolução do contrato?

Sim, desde que seja possível, e não constitua *abuso de direito* por parte do consumidor ou seja, desde que a opção do consumidor não seja desproporcionada, tendo em conta o valor que o bem teria se não tivesse o defeito ou a desconformidade e a importância desse defeito ou falta de conformidade, nos termos gerais.

20. O produtor pode reparar um produto quando consumidor optou pela troca do mesmo?

Muitas vezes é menos oneroso para o vendedor, ou produtor, executar a reparação do bem do que efectuar a sua troca, mas o consumidor deve ter presente que mesmo uma troca que à partida poderia constituir abuso de direito, pode ser exigida em momento posterior. O consumidor pode exigir a substituição do produto, por exemplo de um automóvel, quando, após várias reparações sucessivas no período de garantia, este continuar a apresentar defeitos ou faltas de conformidade. Em situações como a referida a título de mero exemplo, a exigência de troca pode não ser desproporcionada.

21. O consumidor tem algum prazo para exercer os seus direitos no caso do produto apresentar um defeito ou alguma desconformidade?

Atenção aos prazos! O consumidor, depois de detectar o defeito ou a falta de conformidade, só tem dois meses para o comunicar e exigir ao vendedor a protecção dos seus direitos relativamente a coisas móveis (como a máquina de café do nosso exemplo) e tem um ano para comunicar os defeitos (ou falta de conformidades) detectados em bens imóveis (janelas de casas, chãos de apartamentos, etc.).

O consumidor deve comunicar (denunciar) ao vendedor a existência do defeito ou da falta de conformidade logo que o/a detecte, sempre através de carta registada com aviso de recepção ou por outro meio através do qual possa fazer prova do envio e entrega (por exemplo: fax com comprovativo de envio e recepção ou correio electrónico com recibos de recepção e de leitura).

O consumidor deve sempre exigir um documento que comprove a entrega do bem para reparação (guia para reparação), bem como deve exigir e guardar o documento de entrega do bem reparado, o qual comprova que o bem voltou à sua posse (guia de levantamento).

22. Depois de comunicado o defeito ou falta de conformidade dentro do prazo de garantia, os direitos do consumidor caducam?

Desde Maio de 2008, apesar do consumidor ter efectuado a denúncia do defeito (ou da falta de conformidade) no prazo de garantia, os seus direitos (reparação, substituição, redução adequada do preço ou resolução do contrato) caducam decorridos dois anos a contar da data da denúncia, tratando-se de bem móvel, e no prazo de três anos a contar da mesma data, tratando-se de bem imóvel.

23. Existe alguma forma de suspender os prazos depois de efectuada a denúncia do defeito ou da falta de conformidade?

A contagem dos prazos referidos suspende-se pelo período em que o consumidor estiver privado do uso do bem e também se suspende durante o período que durar qualquer tentativa de resolução extrajudicial de um eventual conflito.

Por isso o consumidor, após efectuar a denúncia, e caso não veja a situação resolvida em 6 meses deve (por cautela e para prevenir a caducidade após a comunicação do defeito ou desconformidade) recorrer a outras formas de proteger os seus direitos, como sejam a resolução extrajudicial do conflito.

O consumidor não deve hesitar em recorrer a todos os meios ao seu alcance para salvaguardar convenientemente os seus interesses.

24. Tenho de reclamar sempre por escrito?

Só com documentos comprovativos dos factos que determinam a suspensão dos prazos é que o consumidor se pode defender dos abusos de vendedores e produtores menos escrupulosos, tentados em atrasarem o mais possível o cumprimento dos seus deveres de reparação, substituição do bem, redução do preço, ou resolução do contrato, para que o consumidor deixe passar os prazos durante os quais a lei lhe confere estes direitos.

O consumidor deve ter presente que, apesar de pagar, é apenas um diante de uma organização económica que produz, e vende, centenas ou milhares de exemplares do mesmo produto e que tem como objectivo maximizar lucros.

25. Durante quanto tempo é que o consumidor deve guardar os documentos relativos à aquisição de bens e serviços?

Os documentos devem ser guardados durante o tempo em que podem ser necessários, seja para o exercício dos direitos dos consumidores, seja para efeitos de prova da aquisição e do pagamento do preço, a qual pode ser exigida, designadamente pelo Ministério das Finanças. Assim:

a) Contrato de crédito ao consumo, contratos dos cartões de débito e de crédito, aditamentos aos contratos. – Tempo do contrato mais 5 anos.

b) Extractos das contas bancárias – 5 anos;

c) Facturas ou recibos e documentos similares relativos a serviços de estabelecimentos de ensino e educação – 2 anos;

d) Escritura de compra de casa e contrato de empréstimo bancário com ou sem hipoteca – conservação permanente;

e) Contrato de arrendamento e recibos de renda – Tempo do contrato mais 5 anos;

f) Declaração de IRS, de IVA e comprovativos do pagamento do IMT e do IMI e Livro dos Recibos Verdes, – 8 anos;

g) Comprovativo do pagamento da taxa de conservação de esgotos – 8 anos;

h) Comprovativo do pagamento de taxas de saneamento, de resíduos sólidos e outras taxas municipais – 5 anos;

i) Facturas ou recibos de restaurantes, cafés e outros estabelecimentos de hotelaria e alojamento – 6 meses;

j) Facturas, recibos de quitação emitidos por estabelecimentos saúde e assistência social – 2 a 5 anos;
k) Contratos de seguro (automóvel, imóvel, recheio da habitação, vida, saúde, profissional, etc.) e termos adicionais – Tempo do contrato mais 5 anos;
l) Recibos de quitação ou declarações de estorno de um seguro – 5 anos;
m) Factura recibo de água, energia eléctrica e gás – 6 meses;
n) Factura recibo de telefone fixo, móvel, televisão por cabo e Internet – 6 meses;
o) Facturas recibos emitidos por médicos, advogados, enfermeiros, fisioterapeutas, contabilistas, arquitectos, engenheiros, desenhadores, e outros profissionais liberais – 2 anos;

26. Qual é o prazo para as empresas de água luz e electricidade exigirem o pagamento das facturas aos consumidores?

As acções judiciais para cobrança de dívidas relativas ao consumo de bens essenciais podem ser interpostas no prazo de cinco anos pelo que, por mera cautela, pode ser útil guardar os recibos de água, luz, gás e telefone durante esse prazo.

27. O consumidor e o fornecedor podem negociar entre si as garantias e o nível de protecção do consumidor?

Sim, podem negociar entre si o nível de protecção e as garantias dentro dos limites da lei que protege o consumidor, ou seja desde que tal respeite ou alargue a protecção do consumidor estabelecida na lei.

O vendedor fabricante ou distribuidor pode oferecer garantias e protecção ao consumidor mais elevadas que as previstas na lei. São as garantias voluntárias ou contratuais, por contraposição com as garantias legais.

A publicidade dessas garantias e protecções adicionais vinculam o produtor ou prestador de serviços que as anuncia e o consumidor pode exigir o seu cumprimento, desde que consiga prová-las, nomeadamente através de documento escrito, ou de anúncios publicitários.

28. Se comprar o bem em qualquer outro país da União Europeia tenho os direitos e garantias referidos?

O consumidor tem sempre direito ao nível de protecção estabelecido nas directivas comunitárias, que é o nível mínimo.

As garantias e protecções que enunciaremos neste Guia referem-se a produtos adquiridos em Portugal.

Os bens e serviços adquiridos noutro Estado Membro têm ou podem ter garantias diferentes, sendo garantido o nível mínimo de protecção referido.

Actualmente encontra-se em discussão uma proposta Directiva comunitária sobre esta matéria.

29. Conhecer as leis de defesa do consumidor aplicáveis em Portugal é essencial para os consumidores defenderem os seus direitos?

Para a maior parte das compras, aquelas em que tudo corre normalmente, não só não parece necessário, como até parece dispensável conhecer a lei, uma vez que o consumidor está centrado na opção pelo melhor binómio qualidade-preço.

No entanto, quando surgem problemas com reparações que não resolvem os defeitos detectados ou quando o vendedor se recusa a substituir a máquina que não funciona como seria expectável, situações que, se pensarmos bem são bastante comuns, então é essencial que o consumidor conheça os direitos e obrigações de cada uma das partes, bem como a lei aplicável.

A lei aplicável a um contrato de consumo pode, em princípio, ser decidida pelo vendedor ou ser acordada entre as partes.

Nos contratos pré-elaborados (escritos) existe sempre uma cláusula relativa à lei aplicável e ao tribunal competente para resolver eventuais conflitos.

Normalmente, quando não há contrato escrito, a lei que se aplica é a lei do país em que o bem ou serviço foi adquirido (país do consumidor ou de destino). Por exemplo, na compra de uma máquina de café em Paris para oferecer no regresso de uma viagem de negócios, não faz sentido que a lei aplicável seja a lei portuguesa, assim como se for a um cabeleireiro em Espanha e tiver um problema com a cor do cabelo, não faz sentido aplicar outra lei que não a lei espanhola. Mas nem sempre é assim, e nem sempre a solução é simples ou evidente, nomeadamente quando estamos perante vendas por catálogo ou pela internet.

Independentemente do tribunal competente e da lei aplicável ao contrato, o consumidor tem direito ao nível de protecção do seu país de residência em três situações concretas:

a) Quando o contrato lhe é proposto no seu país de residência;

b) Quando o consumidor encomendar o bem no seu país de residência e o vendedor aceitar essa encomenda;

c) Quando o vendedor organizar uma excursão gratuita a outro país com o objectivo de promover um produto ou serviço que o consumidor acaba por comprar para, de alguma forma, compensar a viagem que recebeu.

Nestas três circunstâncias o consumidor está particularmente vulnerável. A experiência e os abusos, que se verificaram no passado, justificam que a lei proteja o consumidor de práticas mais ou menos agressivas e duvidosas que conduzem, afinal, a que o consumidor não exerça os seus direitos.

Por outro lado, nos contratos de transporte, compra e venda de imóvel, compra de cartões de férias, direito de uso de um prédio, compra de direito real de habitação periódica e nos contratos de arrendamento exclusivamente contratados num país que não o da residência habitual do consumidor, aplicam-se sempre as leis do país onde o contrato é celebrado.

30. É obrigatória a afixação dos preços dos produtos e das prestações de serviços aos consumidores?

Sim. É obrigatório indicar o *preço de venda ao consumidor* e o preço por unidade relativamente a todos os produtos vendidos por comerciantes a consumidores, em ordem a melhorar a informação destes e a facilitar a comparação dos preços dos produtos. Essas indicações devem ser inequívocas, facilmente legíveis e identificáveis.

O preço das prestações de serviços ao consumidor é igualmente afixado, obrigatoriamente, em lista discriminada, clara e legível, colocada de forma bem visível no local da prestação do serviço, de modo a poder ser facilmente consultada pelo potencial consumidor.

A referência ao preço por unidade do bem ou do serviço é obrigatória na publicidade a este referente.

31. O facto da publicidade não indicar o preço unitário de um produto ou serviço é considerado como prática comercial enganosa?

Sim. E como tal é proibido. De igual modo, é enganosa e ilícita a publicidade que compara os níveis de preços de diferentes supermercados/hipermercados numa amostra de produtos, fazendo uma *extrapolação* a partir da comparação dos preços dessa amostra. Como veremos adiante existem práticas comerciais desleais que são totalmente proibidas.

32. A lei protege o consumidor estabelecendo regras para os produtos ou para os contratos?

Ambas as situações. A lei fixa regras a que deve obedecer a produção em matéria de segurança dos produtos (e dos serviços) e regula as disposições contratuais de aquisição tanto de uns como de outros. A lei estabelece também as regras de informação aos consumidores e da publicidade.

33. Como devem comprador e vendedor ou prestador de serviços proceder em caso de dúvida?

Em caso de dúvida, ou de conflito, sobre se uma relação jurídica é ou não uma *relação de consumo*, para efeitos de aplicação das leis de defesa do consumidor, a situação terá de ser resolvida em concreto no Tribunal de Comarca, nos Julgados de Paz ou noutra instância que ambas as partes aceitem, como, por exemplo, os *Centros de Arbitragem de Conflitos de Consumo*.

34. O Estado tem um dever geral de protecção dos consumidores residentes no seu território?

Sim. O cumprimento deste dever traduz-se numa incumbência geral de intervenção legislativa e regulamentar em todos os domínios em que existam, ou dos quais possam derivar, *relações de consumo*.

35. O Estado cumpre o dever geral de protecção através da elaboração das leis?

Sim, mas não só. Também a elaboração de regras técnicas dos produtos e dos *serviços da sociedade da informação*, o apoio à constituição e funcionamento das associações de consumidores e das cooperativas de consumo, o controlo e fiscalização do cumprimento das normas legais são concretizações do dever geral de protecção.

A criação de *entidades reguladoras* para diferentes tipos de actividades é também um meio de assegurar o interesse público, pois estas entidades definem as regras, controlam e asseguram o seu cumprimento, de modo a garantir uma justa composição dos interesses de consumidores e produtores, bem como o funcionamento saudável do mercado.

Consumo

36. Só o Estado tem o dever de proteger o consumidor?

A obrigação geral de protecção do consumidor pertence ao Estado (através dos organismos da Administração Pública e das Entidades Independentes de controlo e fiscalização) às Regiões Autónomas e às autarquias. As entidades competentes para a regulação, controlo ou fiscalização sectorial de uma actividade devem mandar apreender e retirar do mercado os produtos e interditar as prestações de serviços que impliquem perigo para a saúde ou segurança física dos consumidores, quando utilizados em condições normais ou razoavelmente previsíveis, seja por iniciativa própria, seja após queixa de um consumidor.

37. Todos somos consumidores?

A lei considera consumidor todo aquele a quem:
1 – a) São fornecidos bens materiais (por exemplo: electrodomésticos, livros, calçado, vestuário, artigos de decoração),
  b) Prestados serviços (ex: serviços de cabeleireiro, de electricista, de lavandaria, consulta médica, estética e beleza), ou
  c) Transmitidos quaisquer direitos (ex: licença de uso do sistema operativo do computador, de cada programa instalado no computador, ou uma autorização para fotografar, etc.);
2 – Desde que sejam destinados a:
  a) Um uso não profissional mas privado, e
  b) Não integrado na profissão do comprador ou adquirente;
3 – E na medida em que esses bens, serviços ou direitos sejam fornecidos, prestados ou transmitidos, por pessoa que exerça, com carácter profissional, uma actividade económica que vise a obtenção de benefícios.

38. Há profissionais para os quais a lei estabelece protecção similar à dos consumidores?

Sim, as leis de defesa do consumidor, por vezes, determinam que o seu âmbito de aplicação se alarga para abranger a protecção de um comprador que, não estando na veste de consumidor, se encontra na mesma posição desequilibrada e de fragilidade face ao fornecedor de bens ou ao prestador de serviços que abusa da sua posição.

As leis relativas ao crédito ao consumo, por exemplo, equiparam a consumidor a pessoa singular que na contratação de crédito actua com objectivos alheios à sua actividade comercial ou profissional.

39. Quem é fornecedor ou prestador de serviços para efeito de aplicação das leis do consumo?

É fornecedor ou prestador de serviços a pessoa, singular ou colectiva, que exerça com carácter profissional uma actividade económica que vise a obtenção de benefícios. Os requisitos para ser fornecedor ou prestador de serviços, para efeito de aplicação das leis de defesa dos consumidores, são os seguintes:
   a) Ser uma pessoa física ou uma pessoa colectiva (uma entidade, empresa, associação, etc.);
   b) Que exerça uma actividade económica com carácter profissional ou seja, regularmente, como se fosse profissional;
   c) Que vise a obtenção de benefícios que tenham expressão económica, quaisquer que eles sejam, aí se incluindo também, mas não só, o lucro.

DIREITOS DOS CONSUMIDORES

40. Quais são os direitos dos consumidores?

O consumidor tem oito direitos fundamentais:
a) À qualidade dos bens e serviços adquiridos;
b) À protecção da saúde e da segurança física;
c) À formação e à educação para o consumo;
d) À informação para o consumo;
e) À protecção dos seus interesses económicos;
f) À prevenção e à reparação dos danos patrimoniais e dos danos não patrimoniais que resultem da ofensa dos seus interesses ou direitos, sejam estes individuais homogéneos, colectivos ou difusos;
g) À protecção jurídica e a uma justiça acessível e pronta;
h) À participação, por via representativa, na definição legal ou administrativa dos seus direitos ou interesses.

41. Porque surgiram estes direitos dos consumidores?

Os direitos dos consumidores surgiram como resposta aos abusos das organizações económicas que provocaram danos graves e irreparáveis, quer nas pessoas quer no meio ambiente.

Os abusos podem consistir em colocar no mercado como aptos e inofensivos produtos e serviços cujos efeitos ainda não estão suficientemente estudados no ser humano, pondo em causa a saúde e a segurança das pessoas que os usam (por exemplo: alergias, pequenas ou grandes intoxicações, choques eléctricos).

O abuso pode também consistir na existência de defeitos, conhecidos do produtor, mas que ele não considerou impeditivos de colocar o produto ou serviço no mercado, para consumo.

Outra actuação abusiva é colocar à disposição do público produtos ou serviços que têm defeitos de concepção e que foram fabricados de acordo com dados incorrectos, embora o fabrico não apresente defeitos.

Nestes casos, o consumidor tem direito não só a proteger a sua saúde e segurança, como também os seus interesses económicos.

42. Há outros tipos de abuso das organizações?

Sim, o abuso pode consistir, também, em impor *cláusulas leoninas* nos contratos escritos, as quais prejudicam os consumidores, impedindo que salvaguardem, minimamente, os seus interesses económicos. Será, por exemplo, o caso em que as condições gerais de utilização de um produto estabeleçam que o produtor não se responsabiliza pelos danos que o produto possa causar na saúde dos utilizadores. Uma tal estipulação é totalmente proibida.

Para evitar este tipo de abuso, o legislador estabeleceu algumas cláusulas contratuais gerais que os contratos pré-elaborados não podem conter e de que falaremos concretamente.

43. Em que consiste o direito à qualidade dos bens e serviços?

Os bens e serviços destinados ao consumidor devem ser aptos a satisfazer os fins a que se destinam e a produzir os efeitos que lhe são atribuídos, segundo as normas estabelecidas, ou, na falta delas, de modo adequado às legítimas expectativas do consumidor. Por exemplo, uma varinha mágica tem de desfazer alimentos sólidos e de obedecer a normas técnicas e de segurança muito estritas; uma cadeira tem de ser apta a que nela se sentem.

44. Caso não existam regras aprovadas pela União Europeia ou pela lei nacional para um determinado bem ou serviço, quais as características mínimas obrigatórias?

Caso não existam regras técnicas, comunitárias ou nacionais, às quais deva obedecer a produção de um bem ou serviço, este tem de satisfazer as expectativas razoáveis do consumidor. A título de mero exemplo: Imaginemos um par de tamancos de madeira de fabrico artesanal tamanho 40 e imaginemos que não existem regras técnicas de fabrico ou produção deste produto; mesmo sem regras formais relativas ao fabrico dos tamancos artesanais de madeira estes sempre têm de ser aptos a serem usados no campo por uma pessoa normal que calce 40 e a madeira não pode desfazer-se em contacto com a terra, com a água ou com o peso da pessoa.

45. O que é o direito à protecção da saúde e da segurança física dos consumidores?

É o direito a que estejam à venda, para seu consumo, apenas produtos e serviços seguros e não perigosos. A lei estabelece que é proibido o fornecimento produtos ou a prestação de serviços que, em condições de uso normal ou previsível, incluindo a duração, manutenção e destruição, impliquem riscos incompatíveis com a sua utilização, ou não aceitáveis, de acordo com um nível elevado de protecção da saúde e da segurança física das pessoas.

46. O que é um produto para efeito da protecção da saúde e segurança do consumidor?

Produto são todos os bens para os quais a lei estabelece garantias de segurança, de modo que não apresentem riscos para saúde e segurança dos consumidores ou apresentem riscos menores, aceitáveis e devidamente identificados, para os quais os consumidores são alertados previamente.

A definição de produto para efeitos de protecção da saúde e segurança dos consumidores é muito vasta. Assim:

a) Produto é todo e qualquer bem, seja novo, usado ou recuperado, destinado aos consumidores, e que lhes seja fornecido ou disponibilizado a título oneroso ou gratuito, no âmbito de uma actividade profissional;

b) Produto é também, todo e qualquer bem, seja novo, usado ou recuperado, que seja susceptível de ser utilizado pelos consumidores em circunstâncias razoavelmente previsíveis, ainda que não sejam principalmente destinados a esse uso;
c) Produto é ainda todo e qualquer bem, seja novo, usado ou recuperado, que seja utilizado numa prestação de serviços.

47. Quais são os produtos que não cabem na definição explicitada?

Fora desta definição de produto ficam apenas os bens imóveis, que têm uma regulamentação específica, e os bens usados quando são fornecidos como antiguidades ou, expressamente, como produtos que necessitam de reparação antes de poderem ser utilizados, desde que o fornecedor informe claramente o consumidor acerca de todas as reparações que são necessárias de preferência por escrito e claramente identificadas junto do produto em causa.

48. O que são produtos utilizados na prestação de um serviço?

Por exemplo, são produtos, utilizados na prestação de serviços para efeito de protecção da saúde e segurança dos consumidores, as panelas de um restaurante utilizadas para a confecção de refeições para o público, os produtos utilizados num cabeleireiro, as peças usadas de um automóvel aplicadas noutro por um mecânico, ou as meias solas novas utilizadas por um sapateiro.

49. O que é o uso normal ou razoavelmente previsível de um produto?

Uso normal ou razoavelmente previsível é a utilização que se mostra adequada à natureza ou características do produto, tal como constam, necessariamente, das informações e advertências que acompanham o mesmo.

Por exemplo, parece evidente que colocar um gato a secar num microondas não é um uso normal ou razoavelmente previsível para um microondas; todavia, como foi amplamente noticiado pela comunicação social, nos Estados Unidos da América, há anos, uma consumidora idosa processou o fornecedor e recebeu uma indemnização porque o Tribunal considerou que o fornecedor não colocara todas as advertências de segurança que devia ter colocado nas instruções de uso do produto.

50. O consumidor de bens, serviços e direitos fornecidos, prestados ou transmitidos pelo Estado tem a protecção das leis de defesa do consumidor?

Sim as leis de protecção dos consumidores aplicam-se aos bens fornecidos, aos serviços prestados e aos direitos transmitidos pelos organismos da Administração Pública, por pessoas colectivas públicas, por empresas públicas, por empresas de capital maioritariamente público, pelas Regiões Autónomas e pelas empresas concessionárias de serviços públicos.

51. Como conseguem os consumidores exercer os seus direitos?

Os consumidores podem agir individualmente junto dos vendedores, dos Centros de Resolução de Conflitos de Consumo, onde existam, da Administração Pública, nomeadamente a Direcção Geral do Consumidor e a Autoridade para a Segurança Alimentar e Económica, Tribunais e Julgados de Paz, neste caso para aquisições de valor até € 5.000. Tal como já referido o consumidor deve agir por escrito através de meio que possa comprovar o exercício do direito, carta registada, fax com comprovativo de recepção, livro de reclamações, email com recibo de recepção e leitura, etc.

De igual modo, os consumidores podem agir através de associações de consumidores e de cooperativas de consumo.

52. A compra do consumidor a uma pessoa ou entidade que não exerça a actividade económica em causa com carácter profissional é protegida pelas leis de defesa do consumidor?

Não. O Direito do Consumo não se destina a regular as relações jurídicas entre privados ou entre profissionais e por isso não regula contratos como o *contrato de permuta* ou o *contrato de empréstimo*.

O Direito do Consumo destina-se a regular as relações entre uma pessoa na sua veste privada e o profissional no exercício da sua profissão ou que age como tal. Determinar se alguém agiu ou não como um profissional no exercício da sua profissão perante o consumidor nem sempre é evidente.

53. Há consumo que não é protegido pelo direito do consumo?

Sim. Em princípio as compras ou aquisições de bens, serviços ou direitos que se destinam a ser integradas na actividade profissional do comprador não são consideradas *relações de consumo*. Essas compras, seguem o regime legal comum e apenas em casos excepcionais, de que já falámos, têm protecção similar à do consumidor por parte das leis do direito do consumo. Só as pessoas físicas que adquirem para uso privado, ou não profissional, são consumidores.

54. A defesa dos consumidores é o conjunto de instrumentos legais e estruturas de apoio que estes podem utilizar em seu benefício?

Sim. Além disso, a defesa do consumidor também se processa através da imposição de regras técnicas para o fabrico dos bens e produtos e através de diversas regulamentações sobre materiais proibidos e materiais autorizados, processos e características mínimas de segurança e qualidade estabelecidos ao nível da União Europeia e ou a nível nacional para cada tipo ou categoria de produtos.

55. As leis de protecção dos consumidores são iguais em toda a Europa?

No mínimo essencial sim. Mas em muitos aspectos não. O Direito do Consumo da União Europeia (UE) é constituído por *Directivas* e por *Regulamentos* publicados no Jornal Oficial da União Europeia.

Os *Regulamentos* vigoram directamente e por igual em todos os Estados Membros (EM) e não necessitam de ser publicados no Diário da República; as *Directivas*, ao contrário, não são directamente aplicáveis nos Estados Membros e necessitam de uma *lei de transposição* dos Estados.

As Directivas estabelecem o resultado a atingir num determinado período de tempo, mas deixam aos EM o modo e a forma de obter esse resultado, pelo que, em princípio, não se aplicam directamente. Em cada país vigoram as leis nacionais de transposição.

Caso a transposição das Directivas não seja correcta, existem mecanismos que forçam os EM a corrigir as leis de transposição. O Direito do Consumo da União Europeia é também constituído por Decisões da Comissão Europeia.

A legislação de defesa dos interesses dos consumidores é constituída pelas *Directivas transpostas para a ordem jurídica interna*, pelos Regulamentos e Decisões.

56. As Directivas estabelecem o nível máximo ou o nível mínimo de protecção dos consumidores?

Até ao momento estabeleceram sempre o nível mínimo de protecção. Actualmente, porém, existe uma proposta da Comissão Europeia que tem como objectivo harmonizar, de forma total, os direitos do consumidor, nomeadamente em matéria de direito à informação nos contratos à distância e nas vendas fora dos estabelecimentos, transformando em nível único de protecção o que até aqui era o nível de protecção mínimo.

A proposta prevê que os Estados Membros não possam estabelecer para os seus consumidores, nas leis nacionais, nem mais, nem maior, nem protecção diferente da estabelecida na Proposta de Directiva.

SEGURANÇA DOS PRODUTOS E SERVIÇOS E PROTECÇÃO CONTRA PRODUTOS DEFEITUOSOS

57. O que são produtos seguros?

Produtos seguros são aqueles cujo consumo ou uso normal ou razoavelmente previsível não apresente quaisquer riscos para o consumidor, ou apresente apenas riscos reduzidos compatíveis com a sua utilização e considerados conciliáveis com um alto nível de protecção da saúde e segurança das pessoas.

58. Que produtos podem ser disponibilizados ao consumidor?

Só podem ser colocados à disposição dos consumidores produtos seguros.

Pensemos no *caso hipotético* de uma impressora com digitalizador para uso doméstico cujas borrachas do vidro se deterioram e libertam uma substância tóxica.

Normalmente, as impressoras/digitalizadoras duram bastante tempo e quando avariam definitivamente as borrachas do vidro não libertam substâncias tóxicas. As normas de protecção do consumidor proíbem que uma impressora/digitalizadora, nas condições hipotéticas descritas, fosse colocada no mercado, quer nova, quer usada, mesmo que já tivesse sido reparada, por qualquer outra razão.

59. O que é a obrigação geral de segurança?

É um dever que recai sobre o produtor e que se traduz na obrigação de apenas colocar no mercado produtos seguros.

60. Quando é que um produto tem segurança para ser usado pelo consumidor?

O produto é considerado seguro quando, usado pelo consumidor em condições de utilização normais ou razoavelmente previsíveis: quanto à sua duração, conservação, instalação, início de funcionamento e destruição, não apresenta riscos para o consumidor, ou apresenta apenas riscos conciliáveis com um elevado nível de protecção do consumidor.

61. Como se decide se um produto é seguro ou tem um risco conciliável com a lei?

A determinação sobre se um produto apresenta riscos conciliáveis com um alto grau de protecção dos consumidores processa-se tendo em conta o cumprimento das *regras técnicas* e outras normas legais existentes para o fabrico dos diversos tipos de produtos, autorizações de produção, licenças para comercialização, etc.

62. Se um produto é inovador como se sabe se é seguro para os consumidores?

Quando as regras técnicas para a produção e comercialização de um determinado produto não existam, ou sejam insuficientes, é tido em conta, nomeadamente o seguinte:
  a) As características do produto, designadamente a sua composição;
  b) A apresentação do produto, a embalagem, os rótulos colocados, as instruções de montagem, as instruções de utilização, as instruções de conservação e de destruição do produto ou do vasilhame, conforme os casos, bem como eventuais avisos, recomendações de utilização ou outra qualquer informação que o produtor entenda útil ou necessária à boa utilização do produto;
  c) Os efeitos sobre outros produtos, quando seja previsível a sua utilização conjunta;

d) As categorias de consumidores mais vulneráveis e expostas aos riscos de utilização do produto, especialmente crianças, idosos e pessoas viciadas, por exemplo, em jogo, ou que utilizam substâncias aditivas, como álcool, drogas, etc.

63. Um produto considerado seguro pode ser retirado do mercado?

Sim. A conformidade de um produto com as regras técnicas ou com os critérios mencionados não constitui impedimento à tomada das medidas necessárias para restringir a sua comercialização, ou para ordenar a sua recolha ou retirada do mercado, caso venha a revelar-se perigoso para a saúde ou segurança dos consumidores provocando danos.

A qualquer momento um produto ou serviço que se revele perigoso pode ser mandado retirar do mercado, tendo o consumidor, nessa circunstância, direito à protecção dos seus interesses e a obter a reparação dos danos patrimoniais e morais que tenha entretanto sofrido.

64. Como é que os portugueses têm conhecimento e acesso às leis de segurança dos produtos e protecção da sua saúde?

A Direcção Geral do Consumidor, bem como o site www.consumidor.pt disponibilizam as leis que vigoram no domínio da segurança geral dos produtos.

Na página da internet do Instituto Português da Qualidade o consumidor encontra informação detalhada sobre as normas nacionais e comunitárias existentes e as *regras técnicas* a que obedecem os processos de fabrico dos diversos tipos de produtos.

Consumo

65. A lei regula suficientemente a protecção do consumidor face a produtos perigosos?

A lei regula em pormenor como é que o consumidor se pode proteger e é protegido dos produtos perigosos, incluindo os utilizados para a prestação de um serviço, como por exemplo as tintas usadas numa tinturaria, que ilegalmente estejam colocados no mercado.

66. As normas relativas à segurança dos produtos aplicam-se também aos serviços?

As normas relativas aos produtos aplicam-se aos serviços na medida em que não haja regulamentação especial para estes.

A Lei da Segurança Geral dos Produtos fixa os requisitos de segurança mínimos para todos os produtos e estabelece uma clara definição das obrigações dos produtores, dos importadores e dos distribuidores, obrigando estes últimos a informar a Direcção Geral do Consumidor (DGC) das características eventualmente perigosas do produto ou do serviço importado, tendo igualmente a obrigação de colaborar com a DGC na suspensão da comercialização ou na retirada definitiva do mercado dos produtos ou serviços em causa.

67. Como é que a Direcção Geral do Consumidor protege a saúde e segurança dos consumidores?

A Direcção Geral de Consumidor (DGC) tem um papel nuclear na defesa concreta dos consumidores porquanto:
a) Recebe as suas queixas e dá-lhes obrigatoriamente sequência, em ordem a fazer sair do mercado um produto ou serviço, real ou potencialmente, perigoso;
b) Exerce as tarefas de coordenação das actividades de vigilância de mercado e de aplicação da legislação de defesa do consumidor pelas entidades de controlo, as quais lhe apresentam os resultados;

c) Assegura as ligações no âmbito dos sistemas comunitários de notificação, sendo o serviço de ligação único que integra o Sistema de Troca Rápida de Informações sobre produtos perigosos no âmbito da União Europeia (RAPEX), de que falaremos adiante.

68. Há produtos no mercado que não são seguros?

Sim. Apesar de só poderem ser colocados no mercado os produtos relativamente aos quais foi cumprida, pelo produtor ou equiparado, a obrigação geral de segurança, nem sempre assim acontece, pelo que existem instrumentos para tornar efectivo o direito dos consumidores à segurança, estabelecendo sanções para os que não cumprem.

69. Quem estabelece o que é um risco aceitável para a saúde e segurança dos consumidores?

Quem estabelece o que é um risco aceitável são, respectivamente, e em patamares diferentes:
a) As Autoridades de Controlo de Mercado – que estabelecem uma qualificação prévia à disponibilização do produto ou serviço e um controlo permanente sobre os bens e serviços em circulação;
b) A Comissão de Segurança de Serviços e Bens de Consumo – que funciona junto da Direcção Geral do Consumidor – e controla os bens depois de entrarem no mercado, tendo todos os poderes para garantir que os produtos incompatíveis com um alto nível de segurança são retirados de circulação.

70. Quais são as Entidades de Controlo da Segurança dos produtos ou bens de consumo?

As Entidades de Controlo da Segurança dos Produtos de Consumo são:

a) Autoridade para a Segurança Alimentar e Económica – ASAE – e os Serviços Regionais da ASAE dos Açores e da Madeira (actuais Direcções Regionais das Actividades Económicas) – para todos os produtos em geral;
b) Instituto Nacional da Farmácia e do Medicamento – INFARMED – para medicamentos, produtos homeopáticos e produtos cosméticos;
c) Direcção Geral de Viação – DGV – para veículos automóveis;
d) Direcção Geral das Alfandegas e dos Impostos Especiais sobre o Consumo – para o bloqueio de entrada, ou rejeição, de produtos de países terceiros ao *Espaço Económico Europeu*.

71. O que é a Comissão de Segurança dos Serviços e Bens de Consumo?

A Comissão é uma entidade que tem poderes para deliberar sobre a segurança dos produtos e para determinar quais os produtos (e serviços) que estão no mercado e não são seguros, ou apresentam um nível de risco incomportável para a segurança e saúde dos consumidores.

72. Quem faz parte da Comissão de Segurança dos Serviços e Bens de Consumo?

A **Comissão de Segurança dos Serviços e Bens de Consumo** é composta pelo: **a)** Director Geral do Consumidor; **b)** por um representante do ministro responsável pela área da industria; **c)** um representante do ministro responsável pela área do comércio; **d)** um representante do ministro responsável pela área dos serviços; **e)** um representante da ASAE; **f)** quatro peritos em matéria de Segurança dos Produtos e Serviços que prestem funções no quadro do Sistema Português de Qualidade ou em laboratórios acreditados, todos designados pelo Instituto Português da Qualidade (ICQ); **g)** um médico perito em substâncias tóxicas, designado pelo Centro de Informação Antivenenos; **h)** um perito médico designado pelo ministro da Saúde; **i)** um representante da indústria e um representante do comércio designados pelas associações com assento no Comissão Permanente de Concertação Social; **l)** dois representantes dos consumidores designados pelas *Associações de Consumidores de Âmbito Nacional e Interesse Genérico*, com maior representatividade.

A comissão pode delegar parcialmente as suas competências no seu Presidente, o Director Geral do Consumidor, que pode subdelegar.

73. Quais os poderes da Comissão de Segurança dos Serviços e dos Bens de Consumo?

A comissão pode:
a) Determinar a intervenção da Entidade de Controlo específica;
b) Comunicar às entidades de fiscalização a colocação ou a existência no mercado de produtos não seguros, para efeitos de instrução do respectivo processo criminal ou contraordenacional;
c) Propor ao Governo a proibição de fabrico e ou de colocação no mercado nacional de qualquer produto perigoso, ou com risco inaceitável para os consumidores, seja fabricado em Portugal para exportação, seja importado;
d) Exigir ao produtor e ao distribuidor condições de comercialização especiais com avisos de segurança, recomendações, etc;
e) Mandar realizar estudos técnico-científicos a entidades independentes sobre a segurança de qualquer produto ou serviço.

Esta Comissão pode também mandar retirar provisoriamente um produto do mercado, mandar fazer testes e proibir definitivamente um produto ou serviço, ordenando a destruição de toda a produção, após a recolha dos exemplares já vendidos.

74. A Comissão de Segurança dos Serviços e dos Bens de Consumo trabalha só para a Direcção Geral do Consumidor?

Não, a actividade desta comissão está também fortemente articulada com produtores e distribuidores que, como vimos, são os responsáveis em primeira linha por apenas existirem produtos seguros à disposição do público, com o Sistema Europeu de Troca Rápida de Informação (RAPEX) e com a Comissão Europeia, que também pode decidir que um produto seja retirado do mercado e recolhidas as unidades vendidas.

75. Se adquirir um produto perigoso, por exemplo uma peça com indicação de algodão puro e que provoca alergias, o consumidor pode apresentar queixa directamente à Direcção Geral do Consumidor?

Sim, pode e deve fazê-lo, embora possa simultaneamente apresentar queixa junto da entidade fiscalização e controlo competente, além de reclamar junto do vendedor, que deve ser o primeiro elo da cadeia a ser contactado. Para sua defesa é essencial que o consumidor guarde os recibos comprovativos da compra e, bem assim, as embalagens dos produtos, pois estas contêm informação sem a qual é muito mais difícil às autoridades de controlo e fiscalização actuarem.

76. O consumidor tem direito à reparação dos danos provocados por um produto, mesmo que seja um produto declarado seguro?

Sim. Se um produto seguro provoca danos, em princípio, tal resulta de um defeito que pode ser aparente ou oculto.

O consumidor tem direito à indemnização dos danos patrimoniais e não patrimoniais resultantes do fornecimento de bens ou prestações de serviços defeituosos.

77. Quem é responsável pela reparação dos danos ao consumidor?

O produtor é responsável, independentemente de culpa, pelos danos causados por defeitos dos produtos que coloque no mercado.

O consumidor, além de poder recorrer à Direcção Geral do Consumidor para proteger a sua saúde e segurança, tem direito à reparação pelo produtor dos danos que o produto lhe tiver provocado, assim como terá direito, em princípio, a reaver o preço pago. O exercício do direito pode ser efectuado pelas vias judicial ou extrajudicial anteriormente referidas e que melhor veremos adiante.

78. As regras para os produtos manufacturados aplicam-se também aos produtos alimentares e às matérias-primas agrícolas utilizadas na sua produção?

Sim desde 2001, todas as regras relativas à protecção do consumidor e à responsabilidade objectiva do produtor pelos dados causados pelo produto defeituoso são aplicáveis aos produtos alimentares e às matérias-primas agrícolas.

79. Em caso de produto defeituoso, o consumidor pode reclamar os seus direitos junto do vendedor?

Sim, todos os elos da cadeia de produção, importação, distribuição e venda de um produto podem receber a reclamação do consumidor e são obrigados a dar-lhe sequência, remetendo-a para o elo anterior da cadeia, podendo ser responsabilizados e vir a responder pelos danos sofridos pelo consumidor caso o não façam.

80. Se comprar uns sapatos que rebentaram de lado no 2º dia em que foram usados normalmente, o consumidor pode apresentar queixa à Direcção Geral do Consumidor, em vez de os mandar ao sapateiro?

Sim, pode e deve apresentar queixa na DGC, além de reclamar junto da sapataria onde os comprou, nomeadamente no Livro de Reclamações. O consumidor pode sempre, cumulativamente com qualquer outra acção destinada a proteger os seus interesses, reclamar do defeito de um produto junto do distribuidor, do representante da marca e do importador ou directamente junto do produtor.

Atenção aos recibos de compra e às embalagens! Para o consumidor apresentar uma reclamação e exercer os seus direitos é importante ter elementos que permitam comprovar, minimamente, o que afirma.

O consumidor deve ter presente que pode sempre reclamar do defeito ou falta de conformidade do produto, mas apenas deste. Naturalmente que o vendedor ou produtor poderão argumentar o mau uso da coisa. O consumidor deve estar preparado para essa eventualidade e arrecadar o maior número de detalhes e factos que demonstrem o defeito, incluindo o próprio produto defeituoso ou não conforme.

81. Caso o consumidor mande reparar o defeito de um produto a expensas suas perde os seus direitos?

Em princípio o consumidor perderá a garantia de dois anos que qualquer produto duradouro tem. Só não têm a garantia referida os produtos perecíveis, cujo prazo de validade consta obrigatoriamente da *embalagem* e os produtos destinados a serem usados uma única vez.

O consumidor não deve mandar consertar ou reparar nenhum bem de consumo sem reclamar primeiro, nos termos referidos anteriormente, junto do vendedor, do importador, distribuidor ou fabricante ou construtor, e obter dos mesmos autorização escrita para mandar proceder à reparação, que nesse caso corre, naturalmente, por conta daquele junto de quem reclamou.

82. A entrega do recibo de caixa é sempre obrigatória?

Sim, actualmente a entrega do recibo é obrigatória, e o consumidor deve pedi-lo se não lhe for entregue espontaneamente, pois contém, por lei, elementos relativos à compra, que são necessários para a reclamação junto do vendedor e para a actuação da autoridade de controlo.

83. Apresentar no estabelecimento da compra a cópia da queixa efectuada junto da Direcção Geral do Consumidor ou de uma associação de consumidores de interesse genérico e âmbito nacional pode ser eficaz para o consumidor concretizar os direitos que a lei lhe confere?

Sim. Do mesmo modo, tornar públicos através de associação dos consumidores ou da comunicação social, os motivos da queixa contra quem viola os seus direitos (desde que com cuidado e sob aconselhamento técnico para não violar a lei nem incorrer em queixa por difamação) também pode ser eficaz nas situações em que o consumidor não obtém o reconhecimento dos seus interesses económicos ou a reparação dos danos sofridos, independentemente das acções judiciais que possam ser interpostas.

84. Qual o procedimento da Direcção Geral do Consumidor em caso de queixa relacionada com o direito à protecção da saúde e da segurança?

Uma vez recebida uma queixa do consumidor, a qual deve conter provas, ou pelo menos indícios razoáveis de violação do direito à saúde ou segurança física, a Direcção Geral do

Consumidor avisa obrigatoriamente a autoridade nacional competente para a fiscalização e controlo do mercado, a fim de que esta tome as providências que lhe cabem relativamente à situação do produto ou serviço potencialmente perigoso. Além disso, simultaneamente, através do preenchimento de um formulário electrónico, avisa a Comissão Europeia e deve avisar imediatamente o ponto único de contacto do RAPEX de cada Estado Membro da União Europeia, também por esse meio.

O RAPEX, sistema rápido de troca de informações relativas a produtos e serviços perigosos, foi criado no âmbito da União Europeia e o seu modo de funcionamento encontra-se no Regulamento da União Europeia (CE) 2006/2004 de 27 de Outubro.

85. Como pode o consumidor ter acesso à formação e à educação a que tem direito?

A garantia de acesso ao «direito à formação e educação dos consumidores» efectiva-se através da inserção de matérias relacionadas com o consumo e os direitos dos consumidores nos programas e manuais escolares e nas actividades extra-curriculares das escolas.

A educação para o consumo responsável fornece aos estudantes ferramentas para identificarem as suas reais necessidades de consumo e deve ser apta a criar capacidade de escolha.

A *desmistificação da publicidade aos produtos* face às suas efectivas utilidades e o estudo matemático, nomeadamente de probabilidades, tornam o consumidor menos vulnerável a práticas comerciais e promocionais que parecem oferecer tudo a todos.

A obrigação pública de educação e formação traduz-se também na obrigação da Direcção Geral do Consumidor organizar ou patrocinar campanhas informativas e acções formativas sobre os direitos dos consumidores e a forma como os podem exercer.

www.consumidor.pt é o site informativo genérico do Estado português, onde o consumidor pode conhecer os seus direitos e formular questões específicas.

Existem apoios da União Europeia e um programa comunitário específico para promover os direitos dos consumidores e o acesso de todos os cidadãos a esses direitos, nomeadamente através da internet.

86. O Estado, as Regiões Autónomas e as autarquias locais têm obrigação de tomar medidas para formação e educação do consumidor?

Sim. Também têm o dever de apoiar iniciativas das associações de consumidores para sensibilização dos diversos públicos e de desenvolver acções de formação de formadores e de técnicos especializados na área do consumo.

Os serviços públicos de rádio e televisão integram obrigatoriamente programas educativos e de formação dos consumidores.

As autarquias locais têm o dever de criar serviços municipais de informação ao consumidor e, bem assim, têm o dever de constituir conselhos municipais de consumo, com representantes de associações de interesses económicos e de defesa dos consumidores.

87. O que é o direito à informação em geral?

É o direito do consumidor a obter toda a informação que lhe é dirigida em português, incluindo toda a comunicação que lhe é dirigida pelo Estado e pelas empresas, nomeadamente a publicidade.

Tal significa que as informações e a publicidade dirigidas ao consumidor têm de utilizar o português e não podem ser percebidas (facilmente percebidas) apenas por quem conhece a língua estrangeira usada; a informação sobre o produto ou serviço tem de ser perceptível para os consumidores que não conheçam o outro idioma que porventura seja utilizado na comunicação.

O Estado e as empresas têm a obrigação legal de utilizar o português em todas as comunicações que informem sobre produtos ou serviços ou que os publicitem, existindo coimas para os que violem esse dever.

O direito do consumidor à informação em geral traduz-se também no direito da saber quando a informação que lhe está a ser prestada é ou não publicidade.

88. A publicidade tem sempre de estar claramente identificada, de forma inequívoca, respeitar a verdade dos factos e os outros direitos dos consumidores?

Sim. A falta de identificação de uma mensagem como publicidade nos jornais, revistas e demais órgãos de comunicação social escrita (imprensa), na rádio e na televisão origina o pagamento de uma coima, que pode chegar até aos 45.000€. O patrocínio é uma forma de publicidade e tem regras (e limitações) especiais que acrescem às da restante publicidade.

89. O que é o direito dos consumidores à informação em particular?

É o direito do consumidor a receber informação concreta, completa e adequada sobre o bem ou serviço que está a adquirir, no momento em que celebra o contrato. Não se trata aqui de informação geral igual à publicidade, mas de informação sobre um produto ou serviço em concreto, para um consumidor em concreto.

Este direito à informação em especial tem como contrapartida o dever especial do vendedor informar em concreto o consumidor.

90. Até que ponto o vendedor é obrigado a informar o consumidor sobre as condições da compra?

O vendedor, seja fornecedor de bens ou prestador de serviços, está sempre obrigado a informar de forma clara, objectiva, completa e adequada o consumidor, nomeadamente, sobre características, composição e preço do bem ou serviço em concreto, em todas as fases do processo de venda, ou seja desde o momento em que o consumidor solicita informação sobre o produto, durante a apresentação e descrição mesmo e até à assinatura do contrato ou à entrega do produto ou serviço acordado.

O vendedor está, de igual modo, obrigado a informar sobre o período de vigência do contrato, garantias, prazos de entrega e assistência após a venda ou conclusão do negócio jurídico.

91. O consumidor tem direito à assistência pós-venda?

Sim. A obrigação de informar sobre essa assistência, técnica ou outra, impende sobre o vendedor e sobre o produtor, o fabricante, o importador, o distribuidor e todos os elos da cadeia entre produtor e consumidor, de modo a que cada elo do ciclo de produção, distribuição e venda possa cumprir a sua obrigação de informar o elo imediato até ao consumidor, que é o destinatário final da informação.

92. Quais são as consequências para a falta de informação adequada à utilização do produto por parte do fornecedor?

Quando se verifique falta de informação, informação insuficiente, ilegível ou ambígua que comprometa a utilização adequada do bem ou do serviço, o consumidor goza do *direito de retractação* do contrato pelo prazo de sete dias úteis (só não contam sábados domingos e feriados) a contar da data de recepção do bem ou da data de celebração do contrato de prestação de serviços.

Não se trata neste caso de um direito de troca do bem por outro ou de devolução com direito a reembolso.

Trata-se da violação de um dever, o dever de informação, para a qual a lei determina um efeito: a lei concede ao consumidor o direito a *resolver o contrato*, no prazo de 7 dias úteis, sem qualquer custo para si próprio.

Como exemplo de uma situação em que existe *direito de resolução* podemos pensar na situação comum de um contrato de compra e venda a prestações de uma mobília, ou outro *bem móvel*, que esteja associado a um contrato de crédito ao consumo do qual o consumidor não foi informado e do qual não se apercebeu por estar integrado no mesmo contrato escrito.

Outro exemplo é o caso de um ginásio que propõe ao consumidor o pagamento fraccionado da jóia de inscrição, sem informar que o pagamento fraccionado exige a assinatura de um contrato de crédito ao consumo que o consumidor assina sem se aperceber.

93. Estas e outras situações acontecem com mais frequência do que poderíamos supor?

Sim. Em todos os casos descritos o consumidor tem direito a resolver o contrato por não lhe ter sido prestada a informação a que tem direito, facto que lhe condicionou a decisão.

Outro aspecto importante a ter presente quando se refere o direito de informação especial é o de que os riscos, para a saúde e segurança dos consumidores, que possam resultar da normal utilização de bens ou serviços perigosos, ou que exijam condições de utilização especiais, devem ser comunicados, de modo claro, completo e adequado pelo fornecedor, vendedor ou prestador de serviços ao potencial consumidor.

94. Quais as consequências para quem viole o dever de informação especial ao consumidor?

O fornecedor de bens ou o prestador de serviços que viole o dever de informar responde pelos danos que causar ao consumidor, sendo solidariamente responsáveis perante o consumidor todos os demais intervenientes na cadeia da produção e distribuição que tenham igualmente violado o dever de informação.

95. O que acontece quando a publicidade diz uma coisa e o contrato outra?

As informações concretas e objectivas contidas nas mensagens publicitárias de determinado bem, serviço ou direito consideram-se integradas no conteúdo dos contratos que se venham a celebrar após a sua emissão, tendo-se por não escritas as cláusulas contratuais em contrário.

ENTIDADES REGULADORAS E DE FISCALIZAÇÃO COM INTERESSE PARA OS CONSUMIDORES

96. O que são Entidades de Regulação e o que representam para o consumidor em concreto?

As entidades reguladoras são organismos independentes da Administração Pública, cujos membros, na maioria dos casos, são nomeados pelo Governo e ou pela Assembleia da República, não podendo ser demitidos, salvo nas situações expressa e restritivamente previstas na lei.

A principal função de uma entidade reguladora é garantir o bom funcionamento do mercado. Para tal compete-lhe:
 a) Fazer cumprir as leis e regulamentações existentes para cada sector de actividade;
 b) Estabelecer regras que todas as empresas, e outras entidades presentes no mercado, são obrigadas a cumprir;
 c) Decidir sobre os interesses contraditórios, nomeadamente das empresas e dos consumidores, sempre que a lei o imponha.

Por exemplo a Entidade Reguladora dos Serviços Energéticos tem de compaginar os interesses das empresas do sector com os interesses dos consumidores e com o interesse nacional.

97. Quais são as entidades reguladoras com interesse para os consumidores?

No território nacional as entidades reguladoras cuja actividade mais importa para a defesa do consumidor são as seguintes:
- Autoridade da Concorrência (AC)
- Autoridade Nacional de Comunicações (ANACOM)
- Autoridade de Segurança Alimentar e Económica (ASAE)
- Banco de Portugal (BdP)
- Comissão de Mercado de Valores Mobiliários (CMVM)
- Entidade Reguladora da Comunicação Social (ERC)

- Entidade Reguladora da Saúde (ERS)
- Entidade Reguladora dos Serviços Energéticos (ERSE)
- Instituto Nacional da Aviação Civil (INAC)
- Instituto Nacional da Farmácia e do Medicamento (INFARMED)
- Instituto de Seguros de Portugal (ISP)
- Instituto Nacional do Transporte Ferroviário (INTF)
- Instituto Regulador das Águas e Resíduos (IRAR)

As moradas e contactos das entidades reguladoras referidas encontram-se nas páginas destinadas a minutas e informações úteis.

98. O que são Entidades de Controlo e ou de Fiscalização das diversas áreas de actividade e como pode o consumidor contactá-las numa situação concreta?

As entidades de controlo e fiscalização são autoridades públicas, ou dotadas de poderes públicos, que exercem o controlo do mercado e que garantem o cumprimento das leis através da aplicação de sanções administrativas, nomeadamente coimas. Quando as condutas dos agentes económicos constituem crimes, as entidades de fiscalização e controlo recolhem provas da infracção cometida, que remetem para o tribunal competente.

99. Quais são as entidades de fiscalização mais relevantes para os consumidores e quais as respectivas áreas de intervenção?

As entidades de fiscalização mais relevantes para os consumidores e os respectivos domínios de actividade são os seguintes:
- Autoridade Nacional de Comunicações (ANACOM) – telefones, telemóveis, correios, acesso à Internet, comunicações electrónicas, comércio electrónico;
- Autoridade de Segurança Alimentar e Económica (ASAE) – segurança de todos os produtos e serviços relacionados com a área alimentar e fiscalização económica;

Entidades Reguladoras e de Fiscalização com Interesse para os Consumidores

- Banco de Portugal (BdP) – serviços bancários e financeiros prestados pelos bancos e entidades equiparadas;
- Câmaras Municipais – restaurantes, cafés, leitarias, cafetarias e todos os demais estabelecimentos de restauração, hotéis e empreendimentos turísticos, bares; parques de campismo rurais e empresas de animação turística; horários de funcionamento;
- Direcção-Geral da Geologia e Energia (DGGE) – instalações eléctricas, elevadores e combustíveis;
- Direcção-Geral de Turismo (DGT) – empreendimentos hoteleiros e estabelecimentos de restauração, empreendimentos turísticos bares; parques de campismo rurais e empresas de animação turística;
- Entidade Reguladora da Comunicação Social (ERC) – patrocínios de programas de televisão; publicidade televisiva e televenda;
- Entidade Reguladora dos Serviços Energéticos (ERSE) – sectores do gás natural e da electricidade quanto a preços ao consumidor, qualidade de serviço, acesso à informação e segurança de abastecimento;
- Instituto da Água (INAG) – poluição de rios, ribeiros albufeiras e utilização de águas;
- Instituto do Ambiente e Direcções Regionais do Ambiente e Ordenamento do Território (IA) e (DRAOT) – poluição do ambiente em geral e ruído;
- Instituto Nacional da Construção e do Imobiliário (INCI) – actividade da construção civil e actividade imobiliária;
- Instituto Nacional do Desporto (IND) – todos os parques infantis e todos os recintos desportivos, incluindo os existentes em espaço privado para utilização colectiva, nomeadamente nos condomínios, com excepção dos parques infantis e recintos desportivos existentes em casas privadas (espaços não comuns) para uso familiar;
- Instituto Nacional da Farmácia e do Medicamento (INFARMED) – farmácias, medicamentos, produtos homeopáticos, e laboratórios.
- Instituto das Águas e Resíduos (IRAR) – recolha e tratamento de todos os resíduos sólidos, onde se incluem

os lixos urbanos e os lixos industriais, estes também regulados pelo Instituto dos Resíduos (IR).
- Instituto de Seguros de Portugal (ISP) – todos os seguros propostos aos residentes em Portugal.

As moradas e contactos das entidades de fiscalização referidas encontram-se nas páginas destinadas a minutas e informações úteis.

100. Como podem os consumidores apresentar queixas?

As queixas dos consumidores podem revestir diversas formas: por escrito, via postal registada, se possível com aviso de recepção, e-mail, preenchimento presencial de um formulário nas entidades de fiscalização, fax, preenchimento do Livro de Reclamações ou telefone.

O Livro de Reclamações é um instrumento eficaz para os consumidores fazerem chegar à entidade reguladora e de controlo e fiscalização uma situação que considerem lesiva dos seus direitos e interesses. Todavia importa referir que o uso do Livro de Reclamações não é obrigatório para o consumidor, que pode sempre efectuar a reclamação ou a queixa às entidades competentes, em momento posterior.

101. Existe alguma entidade com poderes de fiscalização genéricos relativamente a todas as actividades económicas?

Sim. Essa entidade é a ASAE– Autoridade para a Segurança Alimentar e Económica. A ASAE recebe queixas relativamente a todas as actividades económicas; é competente para investigar e instruir processos crime no âmbito defesa da saúde pública na vertente de protecção da saúde pública e dos consumidores, evitando consumo de produtos impróprios, deteriorados ou confeccionados em locais sem condições de higiene, onde podem existir baratas, formigas, ratos, moscas, etc.

Numa situação em que não seja possível ou prático contactar com a entidade de fiscalização competente, o consumidor pode sempre apresentar a sua queixa junto da Direcção Geral do Consumidor, da ASAE ou de qualquer polícia, nomeadamente PSP e GNR, que também têm competência para intervir quando estão em causa os direitos dos consumidores.

Isto é particularmente importante quando estão em causa situações que podem comprometer a saúde pública, ou em situações de práticas comerciais desleais como, por exemplo, um comerciante vender alguns produtos abaixo do seu preço de custo para chamar clientela, ou vender muito barato um brinde gratuito doutro produto que não pode ser vendido, como acontece com pequenas garrafas de vinho dadas como brinde promocional na compra de uma garrafa maior ou de outra marca, ou com mini-embalagens de toalhitas para bebé com substâncias adicionais e ou similares às usadas no produto base.

102. As entidades de fiscalização têm serviços de apoio ao consumidor onde recebem queixas?

De um modo geral, as entidades de fiscalização dispõem de serviços de apoio aos consumidores, que podem ser contactados para prestarem esclarecimentos ou para apresentação de queixas relativamente a qualquer entidade, pública ou privada, que actue no domínio da actividade económica fiscalizada e cuja conduta tenha violado os direitos do consumidor individual, ou relativamente à qual o consumidor tenha fundada suspeita de violação de qualquer um dos seus direitos.

Como ficou dito, a apresentação de queixa por um consumidor junto da entidade de fiscalização competente não prejudica a apresentação da mesma na Direcção Geral do Consumidor. Pelo contrário, o duplo aviso pode ser útil e tornar mais célere o processo de suspensão ou retirada do mercado do produto ou serviço em causa.

CLÁUSULAS CONTRATUAIS GERAIS

103. O que é o direito do consumidor à protecção dos seus interesses económicos?

É o direito de negociar a aquisição de um bem ou serviço em condições de igualdade material com o fornecedor de bens ou prestador de serviços. A protecção dos interesses económicos do consumidor integra o direito à lealdade e à boa fé do fornecedor ou prestador de serviços na negociação prévia ou preliminar, na formação ou negociação do contrato e durante toda a vigência do mesmo.

104. Os direitos dos consumidores estão protegidos nos contratos pré-elaborados?

Não necessariamente. Com vista à prevenção de abusos, os fornecedores e prestadores de serviços, que utilizam cláusulas gerais, pré-elaboradas, são obrigados a entregar o texto do contrato ao consumidor e a utilizar caracteres facilmente legíveis no texto do mesmo. Também é obrigatório que as cláusulas gerais tenham redacção clara e precisa.

105. Quando o produtor ou prestador disponibiliza os seus produtos ou serviços a uma quantidade indeterminada de pessoas, pode fazer um contrato igual para todos os consumidores?

Sim. São as *cláusulas contratuais gerais* que constam dos chamados *contratos de adesão,* nos quais consumidor apenas adere ao texto, pré-elaborado, que lhe é apresentado. A adesão do consumidor pode consistir no acto de compra do produto ou serviço, ou pode consistir na aposição da sua assinatura e da sua identificação no texto do contrato.

106. As condições e termos de um contrato colocado à disposição consumidores indeterminados que não as podem negociar são cláusulas contratuais gerais?

Sim são. Tal circunstância invariavelmente origina um significativo desequilíbrio de posições em detrimento do consumidor.

As *cláusulas contratuais gerais* são elaboradas sem prévia negociação individual com o consumidor, destinatário dos bens ou serviços, também designado por *proponente* ou destinatário.

Os termos e condições gerais do *contrato de adesão* disponibilizado ao *público* podem ter, ou não, o consumidor individualizado ou identificado.

Em geral, quando o consumidor tem de preencher os seus dados pessoais e remeter o contrato ao fornecedor ou prestador de serviços para aprovação final dos termos e condições do mesmo, estamos perante *cláusulas contratuais gerais* integradas num contrato singular.

Tal acontece, por exemplo, com os contratos de seguros ou de prestação de serviços bancários, nos quais os dados de identificação das partes são preenchidos sem que o consumidor (proponente ou destinatário) tenha qualquer possibilidade de negociar ou proteger os seus interesses.

107. As cláusulas dos contratos singulares estão sujeitas à lei das cláusulas contratuais gerais?

Sim, a lei das *cláusulas contratuais gerais* protege os consumidores, mesmo no caso de contratos singulares.

108. O que é um aderente?

Aderente é aquele que aceita os termos e condições de um *contrato de adesão*.

109. Os contratos pré-elaborados podem conter obrigações inaceitáveis para o consumidor?

Sim. Os *contratos de adesão* podem conter *cláusulas contratuais gerais* que oneram o consumidor a tal ponto, de forma tão abusiva e inaceitável, que a lei as proíbe, substituindo-se assim ao consumidor.

Existem cláusulas gerais absolutamente proibidas, que não podem constar dos contratos de adesão e cláusulas gerais relativamente proibidas, que podem constar dos contratos em determinadas circunstâncias e com limites bem fixados, que adiante explicitaremos.

110. Num contrato singular, assinado, a quem cabe provar que uma cláusula foi negociada entre as partes?

À parte que pretenda fazer cumprir a cláusula em questão.

111. O fornecedor ou prestador de serviços é obrigado a comunicar na íntegra todas as cláusulas contratuais gerais de um contrato individualizado ou singular?

Sim, o fornecedor é obrigado a disponibilizar ao consumidor ou equiparado, na íntegra, todos os termos e condições que impõe ao consumidor, quer este tenha de subscrever o contrato, quer tenha apenas de o aceitar.

112. Cada um dos consumidores a quem seja apresentado um contrato já elaborado tem direito a que lhe seja feita a comunicação referida?

Sim. Os contratos pré-elaborados, também designados por *cláusulas contratuais gerais* destinadas serem utilizadas por um número indeterminado de pessoas, devem ser comunicados a cada contratante individual de modo adequado e com a antecedência necessária, para que cada consumidor possa decidir com conhecimento de causa, e na posse de todos os elementos relevantes.

Este especial dever de comunicação tem por objectivo permitir que o consumidor que use de *comum diligência* possa ter conhecimento completo do contrato e possa compreender o seu conteúdo.

113. Existe um especial dever de informação ao consumidor nos contratos de adesão singular?

Sim, o *predisponente*, ou seu representante, tem o dever de informação dos aspectos do contrato cuja aclaração se justifique. No entanto não tem o dever de ler e explicar ao consumidor o contrato cláusula a cláusula.

114. O consumidor tem direito a obter resposta aos esclarecimentos que solicite relativamente a cláusulas contratuais gerais que constem de propostas pré-elaboradas de contratos singulares?

Sim, o contratante, normalmente profissional, que recorra a cláusulas contratuais gerais tem o dever de prestar os esclarecimentos que forem solicitados, desde que sejam razoáveis.

Saber se existe o dever de informação relativamente a um pedido em concreto tem de ser objecto de uma análise concreta.

O critério para aferir da razoabilidade de um pedido de esclarecimento relativo a um contrato pré-elaborado é o *critério do bom pai de família*.

115. Quem tem de provar que houve comunicação adequada e efectiva das cláusulas contratuais gerais de um contrato singular?

O *ónus da prova* (dever de provar) recai sobre quem apresente ao consumidor o *contrato de adesão* ou seja, ao *predisponente*.

O consumidor não tem de provar que não lhe foram, efectivamente, disponibilizadas, de modo adequado e com antecedência devida, as cláusulas pré-elaboradas de um contrato; é o predisponente que tem de fazer prova em como transmitiu a informação adequada de forma efectiva.

116. Num contrato com cláusulas gerais e cláusulas negociadas com o consumidor sobre a mesma matéria quais prevalecem?

As cláusulas especificamente acordadas com um consumidor, ou pessoa equiparada, prevalecem sobre quaisquer *cláusulas contratuais gerais*, mesmo quando constantes de formulários assinados pelas partes. São as chamadas condições especiais ou condições particulares dos contratos de adesão.

Por exemplo se o consumidor acordar, por escrito, um prazo de entrega de um bem ou serviço, diferente do que consta do formulário pré-elaborado que assinou, o que vale é o prazo acordado.

117. Existem termos e condições que não podem constar dos contratos singulares pré-elaborados?

Sim. O princípio geral determina que todas as *cláusulas contratuais gerais* contrárias à *boa-fé* são proibidas.

Para protecção do consumidor existem cláusulas totalmente proibidas que a lei considera excluídas dos contratos singulares:
a) As cláusulas que não tenham sido comunicadas ao consumidor nos termos referidos;
b) As cláusulas que sejam comunicadas sem a informação devida, de modo a que não seja de esperar que o consumidor as conheça efectivamente;
c) As cláusulas que passem despercebidas a um consumidor normal colocado na posição do contratante real, seja pelo contexto em que surgem, ou pelo título da cláusula, ou pela sua apresentação gráfica;
d) As cláusulas inseridas em formulários depois da assinatura de algum dos contratantes.

118. O que acontece aos contratos singulares quando contenham cláusulas que a lei considera deles excluídas?

Essas cláusulas consideram-se não escritas e, portanto, aplicam-se as normas supletivas previstas na lei.

Estes contratos são interpretados e as lacunas neles existentes são integradas de acordo com as regras gerais de interpretação e integração de lacunas, tendo em conta a posição do consumidor real.

119. Como se interpretam as cláusulas contratuais gerais ambíguas?

A lei estabelece que as cláusulas do *contrato de adesão* que sejam ambíguas, pouco claras ou com várias interpretações possíveis, têm o sentido que lhe daria o *contratante indeterminado normal* se colocado na posição de aderente real ou efectivo. Na dúvida, prevalece o sentido mais favorável ao consumidor aderente. Só assim não acontece no âmbito das *acções inibitórias* de cláusulas contratuais gerais pelas razões que adiante explicitaremos.

120. O consumidor pode cumprir um contrato nulo?

Sim, não obstante algumas cláusulas pré-elaboradas serem nulas, o consumidor pode optar pela manutenção do contrato singular, ou não requerer a sua nulidade, passando o mesmo a reger-se pelas normas supletivas aplicáveis. Nesta circunstância, caso se verifique que a aplicação das normas supletivas conduz a um desequilíbrio de prestações gravemente atentatório da boa fé, opera o mecanismo de redução dos negócios jurídicos.

121. As cláusulas proibidas são iguais para os contratos com consumidores e não consumidores?

Não. Como vimos, o princípio geral, comum à protecção de todos os adquirentes, determina que todas as *cláusulas contratuais gerais* contrárias à *boa-fé* são proibidas.

Assim, quer para os consumidores, quer para os não consumidores, existem cláusulas contratuais gerais absolutamente proibidas e cláusulas contratuais gerais relativamente proibidas, mas não são iguais.

122. Quais são as cláusulas absolutamente proibidas nos contratos com os consumidores?

As primeiras *cláusulas contratuais gerais* que constam na lei como absolutamente proibidas nos contratos com os consumidores são as que:
a) Afastem ou limitem a responsabilidade do produtor, importador, distribuidor ou vendedor por danos causados à vida, à integridade moral ou física ou à saúde das pessoas físicas;
b) Afastem ou limitem a responsabilidade daqueles por *danos patrimoniais* extracontratuais, causados na esfera do consumidor ou de terceiros;
c) Afastem ou limitem a responsabilidade dos profissionais por não cumprimento definitivo, mora ou cumprimento defeituoso, em caso de *dolo* ou de culpa grave;
d) Afastem ou limitem a responsabilidade do profissional *predisponente* por actos de empregados ou outros representantes ou auxiliares seus, em caso de *dolo* ou de culpa grave;
e) Atribuam ao profissional (fornecedor/produtor/prestador de serviços) a faculdade exclusiva de interpretar qualquer cláusula do contrato.

123. As cláusulas contratuais gerais podem prever a obrigação do consumidor pagar o preço quando o profissional não cumpre o que consta do contrato?

As cláusulas que excluam a possibilidade do consumidor não pagar quando o fornecedor estiver em situação de incumprimento são totalmente proibidas. De igual modo, têm-se por não escritas as cláusulas que proíbem ao consumidor *resolver o contrato* com base no incumprimento do fornecedor.

124. Numa cláusula contratual geral, o profissional pode impor ao consumidor uma duração vitalícia para o contrato?

Não. As cláusulas que estabeleçam obrigações perpétuas, ou cujo tempo de vigência dependa apenas da vontade do profissional que favorecem são absolutamente proibidas.

Do mesmo modo, nos contratos de consumo, as cláusulas que estabeleçam a favor do *predisponente* a possibilidade de ceder a sua posição contratual, transmitir dívidas ou subcontratar sem o acordo do consumidor são totalmente proibidas, a menos que a identidade do terceiro conste do contrato inicial apresentado ao consumidor.

As cláusulas que limitem, ou de qualquer modo alterem, obrigações assumidas perante o consumidor, na formação do contrato seja pelo fornecedor seja pelo seu representante, têm-se por não escritas. Por exemplo, se durante uma promoção foi anunciado pelo produtor que um produto tinha 3 anos de garantia, as cláusulas contratuais gerais não podem estabelecer apenas dois anos de garantia.

Importa identificar que também são absolutamente proibidas as cláusulas contratuais gerais que:
   a) Confiram ao profissional a faculdade exclusiva de verificar e estabelecer a qualidade das coisas ou serviços por si fornecidos;
   b) Excluam os deveres e obrigações do profissional em caso de defeitos ou desconformidades do produto ou da prestação de serviços;

c) Estabeleçam reparações ou indemnizações pecuniárias predeterminadas.

Os contratos em que o *predisponente* exclua, ou limite de antemão, a possibilidade do consumidor recorrer ao tribunal em caso de conflito com o fornecedor, ou que prevejam modalidades de arbitragem que não assegurem as garantias de procedimento estabelecidas na lei, são absolutamente proibidas.

125. O que são cláusulas contratuais relativamente proibidas nos contratos com os consumidores?

São relativamente proibidas as cláusulas que, teoricamente, criam obrigações desproporcionadas para os consumidores, mas que em determinados contratos em concreto, ou circunstâncias específicas, se podem justificar.

Por exemplo, em princípio, um fornecedor não pode exigir ao consumidor a duração de 10 anos para um contrato de manutenção do telefone de uma residência, nem a antecedência de 1 ano para o consumidor informar a empresa de que não pretende renovar o contrato. Estas cláusulas são proibidas porque prevêem prazos muito longos em benefício exclusivo do profissional. Mas haverá casos em que tal se justifique seriamente. Se o consumidor vive no estrangeiro e só utiliza a casa em Portugal durante um mês por ano, pode fazer sentido que a duração do contrato de manutenção do telefone seja de 10 anos e que a não renovação tenha de ser comunicada com um ano de antecedência.

Também é proibida uma cláusula que consagre a possibilidade do profissional denunciar livremente o contrato, sem pré-aviso adequado, ou de resolvê-lo sem motivo justificativo fundado na lei ou em convenção. Esta possibilidade pode no entanto ser admitida se igual direito for concedido ao consumidor em seu benefício, ou seja, se este tiver, desde que a cláusula é estabelecida, alternativa real (efectiva) de adquirir outros produtos ou serviços iguais em circunstâncias similares ou mais favoráveis junto de outro fornecedor.

126. Existem situações em que o fornecedor ou prestador pode alterar unilateralmente o contrato?

Sim. Essas situações são apenas as quatro seguintes:
a) Existir razão justificativa razoável, também por parte do consumidor, para as partes terem convencionado essa alteração unilateral;
b) Tratar-se de cláusula de indexação, quando o seu emprego se mostre compatível com o tipo contratual em que se encontre inserida e o mecanismo de variação do preço esteja explicitamente descrito.
Como exemplo, consideremos o prestador de serviços de reparações eléctricas que estabelece uma cláusula em que o valor anual a pagar pela manutenção dos electrodomésticos de um consumidor é indexada à taxa da inflação.
c) Conceder ao fornecedor de serviços financeiros o direito de alterar a taxa de juro ou o montante de quaisquer outros encargos aplicáveis, desde que correspondam a variações do mercado e sejam comunicadas de imediato, por escrito, à contraparte, podendo esta *resolver o contrato* com fundamento na mencionada alteração.
d) Atribuir ao fornecedor ou prestador de serviços, como por exemplo bancos ou seguradoras, o direito de alterar unilateralmente o conteúdo de um contrato de duração indeterminada, **contanto** que o mesmo preveja o dever de informar a contraparte com pré-aviso razoável e lhe dê a faculdade de *resolver o contrato*. Um exemplo é o contrato para abertura de conta bancária à ordem prever que o valor de manutenção da conta pode ser alterado, desde que o banco avise o consumidor com a antecedência de três meses e o consumidor possa, nesse período, acabar com a conta sem custos. Outro exemplo, consiste na alteração de coberturas nos contratos de seguro obrigatórios. Estas alterações podem ser feitas unilateralmente pelas companhias desde que preencham as condições enunciadas de o consumidor ter direito a resolver fundadamente o contrato sem custos.

127. É possível que as cláusulas contratuais gerais estipulem que o preço do produto é definido apenas no momento da entrega?

Sim, em casos especiais.

O preço deve ser estabelecido no momento da negociação do contrato e não no momento da entrega dos bens ou serviços. Só não é assim se a cláusula em causa consistir numa cláusula de indexação (por exemplo: o valor da inflação, da taxa Euribor, etc.), quando o seu emprego se mostre compatível com o tipo contratual onde se encontre inserida (por exemplo: um contrato que pela sua longa duração justifique alteração de preço) e o mecanismo de variação do preço esteja explicitamente descrito no contrato escrito que fica na posse do consumidor.

Esta regra não se aplica às transacções referentes a valores mobiliários (por exemplo, acções de empresas) ou a produtos e serviços cujo preço dependa da flutuação de taxas formadas no mercado financeiro (por exemplo, juros de uma conta bancária à ordem), nem aos contratos de compra e venda de divisas, de cheques de viagem ou de vales postais internacionais expressos em divisas.

128. Existem outras cláusulas contratuais gerais em princípio proibidas mas que podem ser admitidas em certos tipos de contratos?

Sim, mas apenas quando de tal não resulte um prejuízo evidente e desproporcionado para o consumidor, tendo em conta os interesses que o profissional visa proteger. São exemplos as cláusulas que:

a) Impeçam, injustificadamente, reparações ou fornecimentos por terceiros;

b) Imponham ao consumidor antecipações de cumprimento exageradas, como por exemplo o pagamento do preço total antes da entrega do bem;

c) Estabeleçam garantias demasiado elevadas ou excessivamente onerosas para o consumidor em face do valor a segurar;

d) Fixem locais, horários ou modos de cumprimento despropositados ou inconvenientes para o consumidor;
e) Exijam ao consumidor formalidades que a lei não prevê ou comportamentos supérfluos para o exercício dos direitos pelas partes, por exemplo assinaturas reconhecidas.

129. Como pode agir o consumidor relativamente às *cláusulas contratuais gerais*, quer absolutamente proibidas, quer relativamente proibidas, que figurem num contrato?

O consumidor pode requerer directamente ao tribunal a declaração de nulidade dessas cláusulas. A mesma nulidade pode ser requerida por Associação de Defesa do Consumidor que detenha capacidade para tal, como veremos. O consumidor pode ainda solicitar ao Procurador do tribunal da comarca da sua residência que interponha a acção, mas esta solicitação não vincula o Ministério Público a agir.

130. Existe algum mecanismo para impedir preventivamente a utilização de cláusulas proibidas, em contratos singulares, independentemente de lesão de um consumidor?

Sim, o uso e a recomendação de uso de *cláusulas contratuais gerais*, inseridas em contratos para utilização futura que contrariem as proibições referidas, podem ser proibidas por decisão judicial, emitida preventivamente, mediante a interposição de uma *acção inibitória*.

A acção chama-se inibitória porque inibe, ou impede, o uso da cláusula em causa.

Há vários exemplos de acções inibitórias relativas a cláusulas gerais de contratos pré-elaborados de serviços financeiros e de seguros.

131. Só as cláusulas contratuais gerais podem ser objecto de uma acção inibitória?

Não. A *acção inibitória* destina-se prevenir, corrigir ou fazer cessar práticas lesivas dos direitos do consumidor que:
  a) Atentem contra a sua saúde e segurança física;
  b) Consistam em práticas comerciais desleais expressamente proibidas por lei;
  c) Traduzam o uso de cláusulas contratuais proibidas.

As acções inibitórias têm o valor equivalente ao da alçada da Relação mais um cêntimo (€ 5.000,01), seguem os termos do processo sumário e estão isentas de custas.

A sentença especificará o âmbito da abstenção ou proibição de uso ou da recomendação que o juiz decidir.

Quando se tratar acção de inibitória relativa a cláusulas contratuais gerais, o juiz determinará uma sanção pecuniária compulsória por cada infracção que o predisponente demandado venha a cometer.

Transitada em julgado, a decisão condenatória proferida numa acção inibitória será publicitada a expensas do infractor, nos termos fixados pelo juiz, e será registada.

132. As acções inibitórias relativamente a produtos ou serviços de outro Estado Membro da União Europeia podem ser interpostas em Portugal por uma associação de defesa dos consumidores portuguesa?

Sim. Em toda a União Europeia, as acções inibitórias podem ser interpostas no país de destino dos produtos ou seja, no Estado Membro de residência do consumidor, por uma entidade desse Estado Membro que se encontre registada para tal junto da Comissão Europeia.

As associações de consumidores portuguesas podem interpor acções inibitórias quanto a produtos provenientes de outro Estado Membro da União Europeia ou do Espaço Económico Europeu, desde que estejam inscritas no registo da Direcção Geral do Consumidor e junto da Comissão Europeia.

133. Quem pode requerer a proibição de utilização de cláusulas contratuais gerais, através de acções inibitórias nos tribunais?

As acções inibitórias podem ser interpostas pelo Ministério Público, oficiosamente ou a solicitação do Provedor de Justiça, ou de qualquer interessado.

Também podem ser interpostas por associações sindicais, por associações profissionais e associações de salvaguarda de interesses económicos, cada uma actuando no âmbito das suas atribuições, ou por Associações de Defesa do Consumidor dotadas de representatividade para tal.

Os parâmetros de representatividade das Associações de Defesa do Consumidor são estabelecidos por lei, tendo em conta os interesses que a associação se destina a defender: o consumidor em geral ou apenas os associados, o número destes e o âmbito territorial da respectiva acção, nos termos que veremos no capítulo próprio.

As associações de consumidores actuam no processo em nome próprio, embora façam valer um direito alheio, pertencente em conjunto aos consumidores susceptíveis de virem a ser atingidos pelas cláusulas cuja proibição (inibição de uso) é solicitada.

134. Contra quem pode ser intentada uma acção inibitória em matéria de cláusulas abusivas?

A acção inibitória destina-se a proibir o uso de uma cláusula abusiva e pode ser intentada contra o *predisponente* (instituição de crédito, financeira, seguradora, etc.) ou contra quem aceite propor ao consumidor os contratos em que as mesmas estão inseridas (agente, mediador, intermediário, corrector, etc.). As acções inibitórias também podem ser interpostas contra «quem recomende ao consumidor», com carácter profissional, a utilização de tais cláusulas contratuais gerais proibidas, independentemente da autoria das mesmas e da sua efectiva utilização.

135. O que acontece quando a decisão judicial de proibição de uso de uma *cláusula contratual geral* não for cumprida?

O *predisponente* demandado incorre numa sanção pecuniária compulsória fixada pelo juiz da causa, cujo valor pode atingir o dobro do valor da alçada Relação (€5.000,01), ou seja € 10.000,02 por cada infracção.

136. O consumidor é obrigado a pagar o preço de um contrato inválido ou o preço de bens ou serviços que não encomendou nem solicitou?

Não. O consumidor não é obrigado a pagar os bens ou serviços que não tenha prévia e expressamente encomendado ou solicitado, nem o preço dos bens ou serviços cujo pagamento não constitua cumprimento de contrato válido, não lhe cabendo, do mesmo modo, o encargo da sua devolução ou compensação, nem a responsabilidade pelo risco de perecimento ou deterioração da *coisa*.

137. O consumidor tem direito à assistência pós-venda das coisas que adquire?

Sim, sempre. O consumidor depois de comprar um *bem móvel* duradouro tem direito à assistência pós-venda do mesmo. O direito à assistência pós-venda é particularmente relevante para o fornecimento de peças e acessórios pelo período de duração média normal dos produtos fornecidos, pois de outro modo não poderia exigi-los.

A duração média normal de um produto é variável consoante o seu preço e qualidade, mas não pode ser inferior ao período de garantia mínimo de todas as coisas móveis duradouras, que é de dois anos.

138. Para obter o bem ou serviço que pretende ao preço anunciado pelo vendedor, o consumidor pode ser obrigado a adquirir outros bens ou serviços?

Não. É vedado ao fornecedor ou prestador de serviços fazer depender o fornecimento de um bem, ou a prestação de um serviço, da aquisição de bem diferente, ou outro bem igual ou da prestação de outro serviço igual ou diferente (por exemplo, para comprar um par de meias anunciado pelo preço de 3€, o consumidor não pode ser obrigado a comprar pelo menos 2 pares de meias ou um par de luvas, assim como não pode ser obrigado a comprar uma sessão de pedicura, ou vice versa).

139. Quanto tempo tem o consumidor para desistir de um contrato de adesão proposto fora do estabelecimento do fornecedor ou do prestador de serviços?

Quando se trate de um *contrato à distância*, no domicílio do consumidor ou equiparado, é assegurado ao consumidor o *direito de retractação* por um período de 14 dias seguidos, como veremos.

No caso de um contrato de crédito ao consumo o prazo para desistir é de 7 dias úteis, não se contam sábados, domingos e feriados.

CONTRATOS À DISTANCIA

1 – Regras Gerais

140. O que é um contrato celebrado à distância?

É o contrato relativo a bens ou serviços celebrado entre um consumidor e um fornecedor sem a presença física das partes que, cumulativamente, se integra num *sistema de venda ou prestação de serviços à distância organizado pelo fornecedor,* utilizando apenas *técnicas de comunicação à distância*, através de *operadores de técnica de comunicação*, desde o pedido do consumidor até à celebração do contrato, incluindo a própria celebração num *suporte durável*.

141. O Estado tem o dever especial de protecção dos consumidores que celebram contratos à distância?

Sim. Incumbe ao Governo adoptar medidas tendentes a prevenir a lesão dos interesses dos consumidores no domínio dos métodos de venda fora dos estabelecimentos comerciais que prejudiquem a avaliação consciente das cláusulas gerais inseridas em contratos singulares e a formação livre, esclarecida e ponderada da decisão dos consumidores de se vincularem ao texto de contrato que lhes é proposto.

142. Existem noções específicas de consumidor e fornecedor nos contratos à distância?

Nos contratos à distância e nas vendas ao domicílio e equiparadas, consumidor é qualquer pessoa singular que actue com fins que não pertençam ao âmbito da sua actividade profissional; fornecedor é qualquer pessoa singular ou colectiva que actue no âmbito da sua actividade profissional.

143. Quais as informações prévias que têm obrigatoriamente de ser prestadas ao consumidor num contrato à distância?

O consumidor deve dispor, em tempo útil e previamente à celebração do contrato, das seguintes informações:
    a) Identidade do fornecedor e, no caso de contratos que exijam pagamento adiantado, o respectivo endereço;
    b) Características essenciais do bem ou do serviço;
    c) Preço, incluindo taxas e impostos;
    d) Despesas de entrega, caso existam;

e) Modalidades de pagamento, entrega ou execução;
f) Existência do direito de resolução do contrato e respectivo prazo, excepto nos casos adiante especificados;
g) Custo das comunicações, quando calculado numa tarifa que não seja a tarifa base do serviço de telecomunicações usado, como por exemplo correio prioritário, sms, ou chamadas telefónicas de valor acrescentado.
h) Prazo de validade da oferta (proposta contratual);
i) Duração mínima do contrato, sempre que necessário, nomeadamente em caso de contratos de fornecimento de bens ou prestação de serviços de execução continuada ou periódica, (por exemplo, pacotes de serviços integrados de televisão, internet e telefone).

Nem todas as informações prévias referidas são obrigatórias para contratos de venda de alimentos, hospedagem com locais e datas pré-determinados e actividades ao ar livre, que têm regras especiais.

144. Nos contratos à distância o objectivo comercial tem sempre de ser inequivocamente explicitado?

Sim, as informações referidas devem ser fornecidas de forma clara e compreensível por qualquer meio adaptado à *técnica de comunicação* utilizada, com respeito pelos princípios da *boa-fé*, da lealdade nas transacções comerciais e da protecção das pessoas com incapacidade de exercício dos seus direitos, especialmente os menores.

145. Nos contratos à distância por telefone o objectivo comercial também tem de ser inequivocamente explicitado?

Sim. A identidade do fornecedor e o objectivo comercial da chamada devem ser explicitamente definidos no início de qualquer contacto com o consumidor. O consumidor pode e deve apresentar queixa junto da DGC sempre que se sentir enganado.

146. O que acontece quando o direito do consumidor à informação não for respeitado num contrato à distância?

A violação do dever de informação, tal como descrito, nos contratos em que não existe presença física dos contratantes, constitui contraordenação punível, no âmbito de um processo administrativo, com coima de €250 a €1.000, para pessoas singulares e de €1.500 a €8.000, para pessoas colectivas. A tentativa e a negligência são puníveis, sendo os limites, mínimo e máximo, da coima reduzidos a metade.

147. O consumidor pode solicitar a confirmação das informações que lhe são prestadas?

Em sede de execução do contrato, o consumidor deve receber a confirmação por escrito em papel, ou através de outro *suporte durável* à sua disposição, das informações seguintes:
 a) Identidade do fornecedor e respectivo endereço no caso de contratos que exijam pagamento adiantado;
 b) Características essenciais do bem ou do serviço;
 c) Preço do bem ou do serviço, incluindo taxas e impostos;
 d) Despesas de entrega, caso existam;
 e) Modalidades de pagamento, entrega ou execução;
 f) Existência do direito de resolução do contrato, excepto nos casos em que este não exista ou seja limitado.

148. Até quando deve a informação referida ser prestada ao consumidor?

A informação deve ser prestada em tempo útil e, no que diz respeito a bens entregues directamente ao consumidor, o mais tardar nesse momento.

149. A não confirmação das informações pelo fornecedor é punida?

Sim. Quando o fornecedor ou prestador de serviços não confirme as informações mencionadas comete uma contraordenação punível com coima de 400€ a 2.000€, no caso de ser pessoa singular, e de 2.500€ a 25.000€, no caso de ser pessoa colectiva, nos termos descritos na resposta à pergunta 146.

150. A confirmação das informações é sempre obrigatória para o fornecedor à distância?

Não. É dispensada a obrigação de confirmação se, previamente à celebração do contrato, as informações em causa já tiverem sido fornecidas ao consumidor por escrito em suporte papel ou através de outro suporte durável à sua disposição e facilmente utilizável.

151. Existem outras obrigações que o fornecedor de produtos à distância deva prestar ao consumidor?

Sim. Para além das informações descritas, devem ser fornecidos ao consumidor:
a) Informação por escrito sobre as condições e modalidades de exercício do direito de resolução, mesmo nos casos em que o fornecimento se inicie antes do termo do prazo para o exercício desse direito;
b) Endereço geográfico do estabelecimento do fornecedor no qual o consumidor pode apresentar as suas reclamações;
c) Informações relativas ao serviço pós-venda e às garantias comerciais existentes;
d) Condições de resolução do contrato quando este tiver duração indeterminada ou superior a um ano.

152. As vendas por catálogo e por correspondência são vendas à distância?

As vendas por catálogo e por correspondência são vendas à distância propriamente ditas. Esta técnica de venda é bastante utilizada por marcas de roupa e por empresas de vendas de acessórios de uso doméstico, por vezes inovadores.

153. Se o fornecedor não prestar as informações devidas ao consumidor quais são as consequências?

A violação do dever de fornecer informação nos contratos à distância, tal como foi descrito, constitui contraordenação punível, no âmbito de um processo administrativo, com as coimas identificadas no ponto 149 supra.

154. Onde pode o consumidor apresentar queixa?

As queixas devem ser apresentadas à ASAE, que é competente para a investigação. As coimas são aplicadas pela Comissão de Aplicação de Coimas em Matéria Económica e de Publicidade.

155. Quando se trate de uma prestação de serviços à distância, em que o serviço é prestado de uma só vez e facturado pelos operadores de telecomunicações ou pelos correios, também têm de ser prestadas todas as informações enunciadas?

Não. No caso de serviços prestados de uma só vez e facturados pelo *operador da técnica de comunicação usada*, só é absolutamente obrigatória a informação do endereço físico do prestador de serviços para o qual o consumidor poderá reclamar. As restantes obrigações de informação não são obrigatórias para estes serviços.

156. Existe nos contratos à distância o mesmo direito de retractação ou livre resolução que existe para os *contratos celebrados presencialmente fora do estabelecimento comercial*?

Sim. Nos contratos à distância o consumidor dispõe de um prazo mínimo de 14 dias seguidos (contam sábados, domingos e feriados), para resolver o contrato sem pagamento de indemnização e sem necessidade de indicar o motivo. O prazo conta-se:
   a) No que se refere ao fornecimento de bens, a partir do dia da sua recepção pelo consumidor, sempre que tenham sido cumpridas as obrigações confirmação da informação por parte do fornecedor;
   b) No que se refere à prestação de serviços, a partir do dia da celebração do contrato, ou a partir do dia em que tenha início a prestação ao consumidor, sempre que tenham sido cumpridas as obrigações de confirmação da informação, e desde que se não trate de uma prestação de serviços única, facturada pelo *operador técnico da rede de comunicações* utilizada; como vimos na resposta à questão n.º 155.

157. O que acontece se o fornecedor não cumprir as obrigações de confirmação das informações?

Se o fornecedor não cumprir as obrigações de confirmação da informação, o prazo para o exercício do *direito de retractação* é de três meses a contar da data da recepção dos bens pelo consumidor ou, tratando-se de uma prestação de serviços, da data da celebração do contrato ou do início da prestação.

158. No caso das obrigações de confirmação da informação serem cumpridas pelo fornecedor durante o período de 14 dias seguidos em que existe o direito à livre resolução do contrato, o consumidor volta a ter novo prazo de 14 dias, que começa a contar nesse momento?

Sim. Caso a confirmação das informações seja fornecida no decurso do prazo de resolução de 14 dias seguidos após celebração do contrato, e antes de o consumidor ter exercido esse direito, este dispõe de 14 dias seguidos para resolver o contrato a partir da data de recepção dessas informações.

159. Como é que o consumidor exerce o seu direito de livre resolução do contrato à distância?

Considera-se exercido o direito de resolução pelo consumidor através da expedição, nos prazos identificados, de carta registada com aviso de recepção comunicando ao outro contraente, ou à pessoa para tal designada, a vontade de *resolver o contrato*.

160. Há contratos à distância em que o direito de livre resolução é limitado, ou não existe?

Sim. Salvo acordo em contrário, o consumidor não pode exercer o direito de livre resolução nos contratos de:
a) Prestação de serviços cuja execução tenha tido início, com o acordo do consumidor, antes do termo do prazo de 14 dias seguidos;
b) Fornecimento de bens ou de prestação de serviços cujo preço dependa de flutuações de taxas do mercado financeiro que o fornecedor não possa controlar;
c) Fornecimento de bens confeccionados de acordo com especificações do consumidor ou manifestamente personalizados, ou que, pela sua natureza, não possam ser

reenviados, sejam susceptíveis de se deteriorarem ou perecerem rapidamente;
d) Fornecimento de gravações áudio e vídeo, de discos e de programas informáticos a que o consumidor tenha retirado o selo de garantia de inviolabilidade;
e) Fornecimento de jornais e revistas;
f) Serviços de jogo de apostas e lotarias.

161. Quais são os efeitos da livre resolução de um contrato à distância por parte do consumidor?

Quando o direito de livre resolução tiver sido exercido pelo consumidor nos termos que foram descritos o fornecedor fica obrigado a reembolsa-lo, no prazo máximo de 30 dias seguidos, dos montantes pagos, sem quaisquer despesas para o consumidor, salvo eventuais despesas directamente decorrentes da devolução do bem quando essas quantias não forem reclamadas pelo consumidor. Caso o consumidor peça o reembolso das despesas de devolução o fornecedor tem de pagar.

Decorrido o prazo de 30 dias sem que o consumidor tenha sido reembolsado, o fornecedor fica obrigado a, no prazo de 15 dias úteis, devolver em dobro os montantes pagos pelo consumidor, sem prejuízo do direito do consumidor a uma indemnização por danos patrimoniais e não patrimoniais.

162. Quais as consequências que o fornecedor sofre se não reembolsar o consumidor?

O não reembolso do consumidor, *em singelo* ou em dobro, nos prazos mencionados constitui contraordenação punível com coima de €400 a 2.000€, se o fornecedor for pessoa singular e €2.500 a €25.000, se for pessoa colectiva, nos termos supra descritos no n.º 146.

As queixas do consumidor devem ser apresentadas à ASAE. A entidade competente para aplicar a *coima* é da Comissão de Aplicação de Coimas em Matéria Económica e de Publicidade, que funciona junto da Direcção Geral do Consumidor.

163. Em caso de livre resolução do contrato pelo consumidor, este é obrigado a conservar os bens ou serviços que tenha recebido ou venha a receber?

Em caso de livre resolução do contrato, o consumidor deve conservar os bens de modo a poder restituí-los ao fornecedor, ou à pessoa para tal designada no contrato, em devidas condições de utilização, no prazo de 30 dias seguidos a contar da data da sua recepção.

164. Em caso de uso do *direito de livre resolução* pelo consumidor que tenha assinado um contrato de financiamento da compra, o que acontece ao contrato de crédito?

Sempre que o preço do bem ou serviço for total ou parcialmente coberto por um crédito concedido pelo fornecedor, ou por um terceiro com base num acordo celebrado entre este e o fornecedor, o contrato de crédito é automática e simultaneamente tido por resolvido, sem direito a indemnização, se o consumidor exercer o seu direito de livre resolução relativamente ao contrato principal. Como exemplo, pensemos na compra de uma estante por catálogo com pagamento em 10 meses sem juros, mediante a assinatura de um contrato de crédito ao consumo que é proposto ao consumidor e concluído pelo vendedor à distância.

Por vezes o consumidor não se apercebe que o fornecedor ou prestador de serviços lhe propõe uma modalidade de pagamento associada a um contrato de crédito, outras vezes apercebe-se.

Sempre que tal aconteça, e para se proteger face à instituição de crédito com a qual não contactou, o consumidor pode, e deve, enviar também carta registada com aviso de recepção para a instituição financeira, resolvendo o contrato de crédito acompanhada de cópia da resolução efectuada junto do fornecedor do bem ou serviço ao qual o contrato de crédito estava agregado. Ficará assim com uma prova que lhe pode ser muito útil, caso a entidade financeira debite alguma quantia.

165. Caso o bem ou serviço não possa ser fornecido, pode ser substituído por outro?

O fornecedor pode entregar um bem ou prestar um serviço ao consumidor de qualidade e preço equivalentes desde que essa possibilidade tenha sido prevista antes da celebração do contrato, ou no próprio contrato, de forma clara e compreensível, e o fornecedor informe por escrito o consumidor da responsabilidade pelas despesas de devolução.

Caso o consumidor venha a optar pelo exercício do direito de livre resolução dos bens ou serviços substitutos, as despesas de devolução ficam a cargo do fornecedor.

166. Se o fornecedor não cumprir as regras de execução do contrato à distância é punido?

Sim. A violação destas regras constitui contra-ordenação punível com coima no valor de €250 a €1.000 para pessoas singulares e €1.500 a €8.000 para pessoas colectivas, nos termos descritos no n.º 146 supra.

O consumidor deve apresentar queixa à ASAE e ou à Direcção Geral do Consumidor.

167. Como se faz o pagamento de um contrato celebrado à distância?

O preço dos bens ou serviços objecto de contratos à distância pode ser pago através da utilização de qualquer meio de pagamento idóneo, incluindo à cobrança, transferência bancária, cartão de crédito e cartão de débito.

168. O que fazer quando um cartão de débito ou crédito é utilizado fraudulentamente?

Sempre que haja utilização fraudulenta de um cartão de crédito ou de débito, o consumidor pode solicitar a anulação do pagamento efectuado (com a utilização fraudulenta) e a consequente restituição dos montantes debitados para pagamento. O consumidor deve também participar a utilização fraudulenta do cartão às autoridades policiais identificando todas as suspeitas que tenha.

169. Quem restitui ao consumidor o dinheiro da utilização fraudulenta do cartão de débito ou de crédito?

A restituição incumbe à entidade bancária ou financeira emissora do cartão, através de crédito em conta ou, caso não seja possível, por qualquer outro meio adequado, no prazo máximo de 60 dias a contar da data em que o consumidor formulou fundamentadamente o pedido. Não basta ao consumidor dizer que houve uma utilização fraudulenta do seu cartão; tem de dizer porquê e tem de ter evidências do que afirma. O pedido de cancelamento é um início de prova de uma utilização fraudulenta posterior ao pedido de cancelamento.

170. O banco ou a instituição financeira suportam o prejuízo das fraudes com os cartões?

Não necessariamente. O dever de restituição ao consumidor não prejudica o direito de regresso da entidade bancária ou financeira contra os autores da fraude ou contra o fornecedor do bem ou do serviço, quando se demonstre que este conhecia ou, atentas as circunstâncias do caso, devia conhecer que tal utilização era fraudulenta.

171. Quando é que o consumidor deve cancelar um cartão de crédito ou de débito?

O consumidor deve cancelar de imediato qualquer cartão em que foi debitado um valor que não corresponda a uma transacção por si ordenada, ainda que por erro, assim como deve cancelar imediatamente os cartões que sejam objecto de roubo, furto ou perda.

172. O fornecedor ou o prestador de serviços podem estipular no contrato que o consumidor tem de pagar a utilização fraudulenta do cartão?

Não. É nula qualquer disposição contrária ao que foi descrito. Podem no entanto existir cláusulas que imponham um dever de diligência especial ao consumidor no momento em que detecte a utilização fraudulenta. Estas cláusulas podem situar-se na fronteira do admitido pela lei.

Na situação descrita, o consumidor deve procurar ajuda de uma associação de consumidores, da Direcção Geral do Consumidor ou de um advogado, o mais depressa possível.

173. Existem restrições à utilização de determinadas técnicas de comunicação à distância?

O fornecedor de um bem ou serviço necessita do consentimento prévio do consumidor quando utilize as seguintes técnicas de comunicação a distância:
a) Sistema automatizado de chamada sem intervenção humana, nomeadamente os aparelhos de chamada automática;
b) Telefax.

174. Com excepção das chamadas automáticas e dos faxes, o consumidor é obrigado a receber todas as tentativas de venda à distância?

As *técnicas de comunicação à distância* diferentes das referidas e que permitam uma comunicação individual só podem ser utilizadas quando não haja oposição manifesta do consumidor.

A violação do dever de respeito pela vontade do consumidor, quando esta for demonstrada claramente, constitui contraordenação punível com coima de €250 a €1.000, para pessoas singulares e de €1.500 a €8.000, para pessoas colectivas. A tentativa e a negligência são puníveis, sendo os limites, mínimo e máximo, da coima reduzidos a metade.

175. A quem compete provar que o consumidor recebeu toda a informação nas vendas à distância?

Incumbe ao fornecedor o *ónus da prova* quanto à existência de uma informação prévia, de uma confirmação por escrito, do cumprimento dos prazos e do consentimento do consumidor, nos termos previstos neste capítulo.

176. Quais são os contratos à distância a que não se aplicam as regras referidas?

As regras identificadas para os contratos à distância não se aplicam aos contratos:
 a) No âmbito de serviços financeiros, nomeadamente os referentes a:
    i) Serviços de investimento;
    ii) Operações de seguros e resseguros;
    iii) Serviços bancários;
    iv) Operações relativas a fundos de pensões;
    v) Serviços relativos a operações a prazo ou sobre opções (por exemplo compra de acções em bolsa);
 b) Através de distribuidores automáticos ou de estabelecimentos comerciais automatizados;
 c) Com operadores de telecomunicações pela utilização de cabinas telefónicas públicas;
 d) Para a construção e venda de bens imóveis ou relativos a outros direitos respeitantes a bens imóveis, excepto o arrendamento; o que significa que no contrato de arrendamento celebrado à distância se aplicam as regras descritas;
 e) Em leilões.
 f) Contratos de fornecimento de géneros alimentícios, bebidas ou outros bens de consumo doméstico corrente fornecidos ao domicílio ao consumidor na sua residência ou no seu local de trabalho, por distribuidores que efectuem circuitos frequentes e regulares;
 g) Contratos de prestação de serviços de alojamento, transporte, restauração ou tempos livres, sempre que,

na celebração do contrato, o fornecedor se comprometa a prestar esses serviços numa data determinada ou num período especificado.

No caso de contratos relativos a actividades exteriores de tempos livres, o fornecedor pode ainda, excepcionalmente, reservar-se o direito de não reembolsar o consumidor em caso de indisponibilidade do bem ou serviço encomendado, desde que, no momento da celebração do contrato, advirta de tal facto o consumidor e invoque para o efeito circunstâncias atendíveis em face da especificidade da actividade em causa.

2 – Contratos financeiros à distância

177. Existe um regime jurídico especial para os contratos à distância de serviços financeiros?

Sim. Para os contratos financeiros à distância, por exemplo contratos serviços bancário, de crédito, de seguros, de investimento ou de pagamento e os relacionados com a adesão individual a fundos de pensões abertos, existe um regime legal específico que impõe especiais deveres de informação pré-contratual ao consumidor e outras medidas de protecção dos seus interesses, como a obrigatoriedade de ser fornecida ao consumidor uma cópia do contrato em suporte papel ou outro suporte duradouro, como por exemplo disquetes, CD-ROM, DVD, ou a possibilidade de o consumidor armazenar a cópia no disco duro que contenha e guarde o correio electrónico.

178. O direito de livre resolução de 14 dias também existe para os contratos de serviços financeiros à distância?

Sim, todavia convém evidenciar que existem situações em que tal não sucede e que estão devidamente explicitadas na lei, por exemplo os serviços relacionados com operações cambiais, com instrumentos do mercado monetário ou valores mobiliários (exemplo: acções).

O direito de resolução nos contratos relativos a cartões de crédito propostos à distância tem especificidades. O consumidor deve aconselhar-se sobre os seus direitos junto de um advogado, da DGC ou no portal do cliente bancário, por exemplo.

179. É obrigatório o uso do português nos contratos à distância de serviços financeiros?

Toda a informação prestada ao consumidor tem de ser efectuada em português. O uso do português pode, no entanto, ser afastado mediante a aceitação expressa, pelo consumidor, da utilização de outro idioma.

Para além de existirem nesta regulamentação múltiplos aspectos que não é possível abordar, convém evidenciar que existe uma especial protecção do consumidor face a serviços ou comunicações relativas a serviços financeiros não solicitados.

3 – Contratos no âmbito do comércio electrónico

180. O comércio electrónico é um meio para celebrar contratos à distância?

Sim, o comércio electrónico é uma das formas de celebrar contratos à distância que tem normas específicas de protecção do consumidor, de notificação entre Estados Membros, de cessação coerciva de comércio electrónico ilegal e de resolução extrajudicial de conflitos.

Contratos à Distância

181. As vendas de produtos ou prestação de serviços através da internet são comércio electrónico?

Nem sempre. Há actividades económicas, que se desenrolam na Internet, às quais é aplicável o regime dos contratos à distância e que não são reguladas pelas normas do comércio electrónico.

As regras da livre contratação electrónica não são aplicadas à aquisição de serviços do âmbito do comércio electrónico em:
a) Matéria fiscal;
b) Disciplina da concorrência;
c) Regime do tratamento de dados pessoais e da protecção da privacidade;
d) Patrocínio judiciário;
e) Jogos de fortuna, incluindo lotarias e apostas em que é colocada uma aposta em dinheiro;
f) Actividade notarial ou equiparada, enquanto caracterizada pela fé pública ou por outras manifestações dos poderes públicos.

O combate à venda ilegal de produtos e serviços nas redes públicas de comunicações electrónicas (e a efectiva cessação das condutas ilícitas, violadoras das leis) são assegurados pela ANACOM.

182. No comércio electrónico vigora o princípio da liberdade de prestação dos *serviços da sociedade da informação*?

Sim, mas existem excepções muito importantes. Não são serviços da sociedade da informação os seguintes:
a) Serviços de radiodifusão sonora;
b) Serviços de radiodifusão televisiva;
c) Serviços prestados na presença física do prestador e do destinatário, ainda que a sua prestação implique a utilização de dispositivos electrónicos;
d) Serviços cujo conteúdo é material, mesmo quando impliquem a utilização de dispositivos electrónicos, (por

exemplo: bens e serviços para os quais o canal electrónico é apenas um meio de venda que acresce aos outros);
e) Distribuição automática de notas e bilhetes, tais como notas de banco, como por exemplo o multibanco, e bilhetes de comboio;
f) Acesso às redes rodoviárias, parques de estacionamento, etc., mediante pagamento, mesmo que existam dispositivos electrónicos à entrada e ou saída para controlar o acesso e ou garantir o correcto pagamento;
g) Serviços off-line: distribuição de CD-ROM ou de software em disquetes;
h) Serviços de telefonia vocal;
i) Serviços de telecópia e telex;
j) Teletexto televisivo;
k) Serviços prestados por telefonia vocal ou telecópia;
l) Consulta de um médico por telefone ou telecópia;
m) Consulta de um advogado por telefone ou telecópia;
n) Marketing directo por telefone ou telecópia.

183. Quem e como pode impedir que sejam vendidos ou prestados na internet produtos ou serviços ilegais?

Os tribunais e outras *entidades de supervisão competentes para o comércio electrónico* podem restringir a circulação de um determinado serviço da sociedade da informação proveniente de outro Estado Membro da União Europeia se lesar ou ameaçar gravemente:
a) A dignidade humana ou a ordem pública, incluindo a protecção de menores e a repressão do incitamento ao ódio fundado na raça, no sexo, na religião ou na nacionalidade, nomeadamente por razões de prevenção ou repressão de crimes ou de ilícitos de mera ordenação social;
b) A saúde pública;
c) A segurança pública, nomeadamente na vertente da segurança e defesa nacionais;
d) Os consumidores, incluindo os investidores.

184. As entidades referidas podem retirar imediatamente oferta de produtos ou serviços ilegais na internet?

Apenas em casos de excepcional perigosidade. Fora das situações excepcionais que a lei prevê, as providências restritivas devem ser precedidas:
a) Da solicitação ao Estado Membro de origem do prestador do serviço que ponha cobro à situação;
b) Caso o Estado Membro de origem o não tenha feito, ou as providências que tome se revelem inadequadas, da notificação à Comissão e ao Estado Membro de origem da intenção de tomar providências restritivas.

Independentemente de qualquer notificação ao Estado Membro de origem do produto ou serviço ou à Comissão Europeia, podem sempre ser efectuadas diligências judiciais, incluindo a instrução e demais actos praticados no âmbito de uma investigação criminal ou de um ilícito de mera ordenação social. As providências tomadas devem ser proporcionais aos objectivos a tutelar.

CONTRATOS AO DOMICÍLIO E OUTROS EQUIPARADOS

185. O que são vendas ao domicílio?

As vendas ao domicílio são uma modalidade das vendas à distância regulamentadas pela lei.

186. O que é um contrato ao domicílio?

É um contrato de compra e venda que é proposto e concluído no domicílio do consumidor pelo fornecedor ou seu representante, sem que o consumidor tenha pedido de forma expressa a visita do fornecedor. O contrato ao domicílio pode ter por objecto o fornecimento de bens ou de serviços.

Os contratos relativos ao fornecimento de bens ou de serviços e à sua incorporação nos imóveis (fornecer e montar uma janela de vidro duplo, por exemplo) e os contratos relativos à actividade de reparação de bens imóveis (reparação de um cano, por exemplo) estão igualmente sujeitos ao regime dos contratos ao domicílio.

187. Os contratos que tenham por objecto o fornecimento de outros bens ou serviços diferentes daqueles para os quais o consumidor pediu expressamente a visita do fornecedor integram a categoria dos contratos ao domicílio?

Sim, desde que o consumidor, ao solicitar a visita referida, não tenha tido conhecimento ou não tenha podido razoavelmente saber que o fornecimento dos bens ou serviços não solicitados fazia parte da actividade comercial ou profissional do fornecedor ou seus representantes.

188. Há contratos que não sendo celebrados no domicílio do consumidor têm o mesmo regime legal?

Sim. Há os chamados *contratos equiparados* aos contratos celebrados no domicílio do consumidor que são os contratos:
 a) Celebrados no local de trabalho do consumidor;
 b) Celebrados em reuniões, em que a oferta de bens ou de serviços é promovida através de demonstração realizada perante um grupo de pessoas reunidas no domicílio de uma delas a pedido do fornecedor ou seu representante (venda de edredões ou de caixas plástico de conservação de alimentos, por exemplo);
 c) Celebrados durante uma deslocação organizada pelo fornecedor, ou seu representante, fora do respectivo estabelecimento comercial (por exemplo as viagens de autocarro por um dia, com oferta de brindes a todos os participantes);

d) Celebrados no local indicado pelo fornecedor, ao qual o consumidor se desloca, por sua conta e risco, na sequência de uma comunicação comercial feita pelo fornecedor ou pelos seus representantes; é o caso dos telefonemas em que informam o consumidor de que foi seleccionado para um fim de semana grátis, que obterá ao deslocar-se a determinada morada com o conjuge em dia, hora e local determinados, se ouvir a descrição sumária da empresa, aparentemente sem obrigatoriedade de aquisição de qualquer produto ou serviço.

189. O contrato em que o consumidor na sua casa encomenda ao vendedor visitante determinada coisa ou serviço é um contrato ao domicílio?

Sim. A proposta contratual efectuada pelo consumidor ao fornecedor no seu domicílio, ou em locais equiparados, ainda que não tenha ficado vinculado por essa oferta antes da aceitação da mesma pelo fornecedor é contrato ao domicílio.

A proposta contratual feita pelo consumidor, nas condições descritas, quando o consumidor fica vinculado pela sua proposta, também é contrato ao domicílio.

190. Há contratos que não podem ser oferecidos no domicílio do consumidor ou em locais equiparados?

Sim. O regime de protecção dos consumidores nos contratos ao domicílio e equiparados não é aplicável aos contratos relativamente aos quais exista regulamentação especial.

São objeto de uma regulamentação especial que afasta o regime das vendas ao domicílio: a) os contratos de construção; b) a venda e locação de bens imóveis; c) os contratos que tenham por objecto quaisquer outros direitos sobre esses bens; d) o fornecimento de bens alimentares, bebidas ou outros bens de consumo doméstico corrente fornecidos pelos vendedores com entregas domiciliárias frequentes e regulares; e) seguros e serviços financeiros.

191. O consumidor tem direito a ser informado relativamente à empresa que fornece os bens ou serviços que lhe são propostos em casa ou local equiparado?

As empresas que utilizam a técnica de venda ao domicílio (e vendas em locais equiparados à morada do consumidor – local de trabalho, reuniões organizadas em casa particular, etc.) são obrigadas a fornecer aos seus colaboradores os documentos adequados à completa identificação da empresa fornecedora dos bens ou prestadora dos serviços, os quais devem ser sempre exibidos perante o consumidor.

192. As empresas que dispõem de serviços de distribuição comercial ao domicílio são obrigadas a elaborar e manter actualizada uma lista dos colaboradores que, em seu nome, apresentam as propostas e preparam ou concluem os contratos no domicílio do consumidor?

Sim. A relação dos colaboradores e os contratos que são propostos ao consumidor no seu domicílio, ou local equiparado, são obrigatoriamente facultados, sempre que solicitados por qualquer entidade oficial no exercício das suas competências, designadamente à Direcção-Geral das Actividades Económicas, à Autoridade da Concorrência e à Autoridade de Segurança Alimentar e Económica (ASAE).

A violação dos deveres descritos constitui contraordenação punível com coima, nos termos descritos (€250 a €1.000 pessoa singular; €1.500 a €8.000 pessoa colectiva).

193. Os contratos ao domicílio são obrigatoriamente celebrados por escrito?

Sim, sob pena de *nulidade*, os contratos celebrados no domicílio do consumidor ou equiparado, de valor superior a € 60, são escritos e contêm de forma clara e facilmente compreensível por um consumidor médio, os seguintes elementos:
  a) Nome e domicílio ou sede dos contratantes ou seus representantes;
  b) Elementos identificativos da empresa fornecedora, designadamente nome, sede e número de registo no Registo Nacional de Pessoas Colectivas;
  c) Indicação das características essenciais do bem ou serviço objecto do contrato;
  d) Preço total, forma e condições de pagamento e, no caso de pagamento em prestações, os seus montantes, datas do respectivo vencimento e os elementos exigidos pela legislação que regula o crédito ao consumo, nomeadamente a informação sobre a Taxa Anual de Encargos Globais (TAEG);
  e) Forma, lugar e prazos de entrega dos bens ou da prestação do serviço;
  f) Regime de garantia e de assistência pós-venda quando a natureza do bem o justifique, com indicação do local onde se podem efectuar e para o qual o consumidor pode dirigir as suas reclamações;
  g) Informação sobre o direito que assiste ao consumidor de resolver o contrato no prazo de 14 seguidos dias a contar da assinatura do contrato ou do inicio da prestação ou da entrega dos bens, caso sejam posteriores, bem como a indicação do nome e endereço da pessoa perante a qual o consumidor pode exercer esse direito.

194. Como pode reagir o consumidor caso as informações referidas não lhe tenham sido prestadas?

O consumidor deve apresentar queixa à Direcção Geral do Consumidor e deve também apresentar a mesma a uma *asso-*

ciação de defesa do consumidor de âmbito nacional e interesse genérico.

A violação dos deveres descritos constitui contraordenação punível com coima de €250 a €1.000, para pessoas singulares, e de €1.500 a €8.000, para pessoas colectivas. A tentativa e a negligência são puníveis, sendo os limites, mínimo e máximo da coima aplicável, reduzidos a metade.

O consumidor pode pedir as informações em falta (por carta registada), e bem assim pode resolver o contrato.

195. Os contratos ao domicílio e equiparados podem ter outras cláusulas?

Sim podem. Todavia essas cláusulas devem ser expressas em termos claros e inequívocos, não sendo exigível ao consumidor qualquer obrigação para além das que resultam da lei geral, vulgarmente, o pagamento do preço.

A imposição doutras obrigações constitui contra-ordenação punível com coima €250 a €1.000, para pessoas singulares, e de €1.500 a €8.000, para pessoas colectivas, nos mesmos termos referidos.

196. É obrigatório o consumidor datar e assinar o contrato ao domicílio ou equiparado, conservando em seu poder uma cópia assinada por ambas as partes, qualquer que seja o valor do contrato?

Não. O consumidor e vendedor só estão obrigados a assinar o contrato ficando cada um com um exemplar, sempre que o seu valor seja superior a €60. Quando o contrato for de valor igual ou inferior a €60 é suficiente uma nota de encomenda ou documento equivalente devidamente assinado pelo consumidor.

197. Quando as vendas ao domicílio sejam acompanhadas ou precedidas de catálogos, revistas ou qualquer outro meio gráfico ou audiovisual, quais os elementos de informação que os mesmos têm de conter?

Quando as vendas ao domicílio (do consumidor) sejam acompanhadas ou precedidas de catálogos, revistas ou qualquer outro meio gráfico ou audiovisual, estes devem conter os seguintes elementos:

1 – Elementos identificativos da empresa fornecedora, designadamente nome, sede e número de registo no Registo Nacional de Pessoas Colectivas;

2 – Indicação das características essenciais do bem ou serviço objecto do contrato;

3 – Preço total, forma e condições de pagamento;

4 – Forma, lugar e prazos de entrega dos bens ou da prestação do serviço;

5 – Regime de garantia e de assistência pós-venda quando a natureza do bem o justifique, com indicação do local onde se efectua a assistência e ao qual o consumidor pode dirigir as suas reclamações;

6 – Informação sobre o direito que assiste ao consumidor de resolver o contrato no prazo de 14 dias, seguidos, a contar da assinatura do contrato, ou do início da prestação ou da entrega dos bens, caso sejam posteriores, bem como a indicação do nome e endereço da pessoa perante a qual o consumidor pode exercer esse direito.

Exemplo prático de venda ao domicílio precedida por catálogo é o Círculo de Leitores.

A violação por parte do fornecedor ou prestador de serviços dos deveres descritos constitui contraordenação punível com coima de €250 a €1.000, para pessoas singulares, e de €1.500 a €8.000, para pessoas colectivas, nos mesmos termos referidos.

O consumidor deve apresentar queixa junto da Direcção Geral do Consumidor e de uma ou mais Associação de Defesa dos Consumidores, logo que se apercebe da situação, pois o processo de contraordenação tem de ser concluído e a coima aplicada, pela *CACMEP*, no prazo máximo de 18 meses, sobre a data do cometimento da infracção. O consumidor pode também apresentar queixa na ASAE.

198. Os catálogos e os folhetos com preços que são deixados nas caixas do correio têm de conter os elementos descritos?

Não. Os seis elementos referidos que os materiais de apoio às vendas ao domicilio devem conter, não são obrigatórios nas mensagens publicitárias genéricas que não envolvem uma proposta concreta para venda de um bem ou a prestação de um serviço. Quando, para comprar, é necessário que consumidor se desloque ao estabelecimento comercial da empresa, seja fisicamente, seja através da internet, estamos perante mensagens publicitárias genéricas e não perante informações para celebração de um contrato ao domicílio ou equiparado.

199. Nos contratos ao domicílio e equiparados existe o direito à livre resolução?

Naturalmente. O consumidor pode resolver o contrato no prazo de 14 dias, seguidos, a contar da data da sua assinatura, ou do início da prestação de serviços ou da entrega do bem, caso estas datas sejam posteriores à assinatura do contrato.

O fornecedor, vendedor ou prestador de serviços, tem de informar por escrito o consumidor do direito de resolução nos seguintes termos:
   a) No momento da conclusão do contrato, nos contratos ao domicílio e equiparados;
   b) Até ao momento da conclusão do contrato, nos casos de produtos ou serviços diferentes daqueles a propósito dos quais o consumidor solicitou a visita ao seu domicílio ou equiparado, e nos casos em que os produtos ou serviços se destinam a ser feitos ou integrados em imóveis;

c) Quando a proposta de contrato é efectuada pelo consumidor ao fornecedor, no momento em que é visitado, no seu domicílio ou local equiparado, quer o consumidor fique, quer não fique, vinculado à proposta apresentada até aceitação da mesma pelo fornecedor ou prestador de serviços.

A violação deste dever especial de informação ao consumidor em matéria de direito à retractação por parte do fornecedor, prestador de serviços, ou seu representante na visita ao domicílio do consumidor ou equiparado constitui contraordenação punível com coima de €250 a €1.000, para pessoas singulares e de €1.500 a €8.000, para pessoas colectivas, nos termos identificados supra n.º 146.

200. Os prazos para exercício do direito à livre resolução do contrato pelo consumidor podem ser negociados por acordo?

Sim. Os prazos legais de livre resolução do contrato pelo consumidor podem ser alargados por acordo das partes, mas não podem ser diminuídos.

201. Têm-se por não escritas as cláusulas que estabeleçam a renúncia do consumidor ao prazo de livre resolução?

Sim. As cláusulas que estabeleçam que o consumidor prescinde do direito à livre resolução nos prazos mínimos, ou no prazo maior acordado, têm-se por não escritas.

Também se têm por não escritas as cláusulas que estabelecem uma indemnização ou penalização de qualquer tipo, se o consumidor exercer aquele direito.

202. Como é que o consumidor exerce o direito de livre resolução nos contratos ao domicílio e equiparados?

Entende-se exercido pelo consumidor o direito de livre resolução através do envio, no prazo de 14 dias consecutivos, ou no prazo acordado, se maior, de carta registada com aviso de recepção pela qual comunique a vontade de resolver o contrato ao fornecedor, ou à pessoa para tal designada no contrato.

203. Existe algum prazo para o fornecedor devolver os montantes pagos pelo consumidor, quando este tiver exercido o *direito de livre resolução* do contrato ao domicílio?

Sim. Tal como nos contratos à distância, o fornecedor fica obrigado a reembolsar no prazo máximo de 30 dias seguidos os montantes pagos pelo consumidor, sem quaisquer despesas para este. Decorridos os 30 dias sem que o consumidor tenha sido reembolsado, o fornecedor fica obrigado a devolver em dobro, no prazo de 15 dias úteis, os montantes pagos pelo consumidor, sem prejuízo do direito do consumidor a indemnização por danos patrimoniais (o prejuízo sofrido) e não patrimoniais.

A violação de cada obrigação de devolução referida, em *singelo* e em dobro, constitui contra-ordenação punível com coima de €250 a €1.000, para pessoas singulares e de €1.500 a €8.000, para pessoas colectivas, nos termos referidos.

204. Em caso de resolução, o consumidor deve conservar os bens, de modo a poder restituí-los?

Sim. Os bens devem ser conservados em devidas condições de utilização e ser restituídos ao fornecedor ou à pessoa para tal designada no contrato ao domicílio assinado, no prazo de 30 dias a contar da recepção dos mesmos.

205. Nos contratos ao domicílio e equiparados cujo pagamento do preço esteja associado a um contrato de crédito este é automaticamente extinto?

Sim. Tal como nos contratos à distância, nos contratos ao domicilio e equiparados, sempre que o preço do bem ou serviço for total ou parcialmente coberto por um crédito concedido pelo fornecedor (ou por uma instituição financeira com base num acordo entre esta e o fornecedor), o contrato de crédito é automática e simultaneamente tido por resolvido, sem direito a indemnização, se o consumidor exercer o seu direito de livre resolução no prazo de 14 dias.

Tal como já referido para as vendas à distância, nas vendas ao domicílio e equiparadas o consumidor deve, à cautela e como forma de evitar conflitos futuros, comunicar também à instituição de crédito a resolução do contrato de crédito, juntando cópia da resolução do contrato de fornecimento ou prestação de serviços ao qual o crédito estava associado.

206. Pode ser exigido ao consumidor qualquer pagamento antes da recepção dos bens ou da prestação do serviço num contrato ao domicílio ou equiparado?

Não. A violação desta proibição constitui contraordenação punível com coima de €250 a €1.000, para pessoas singulares e de €1.500 a €8.000, para pessoas colectivas, nos termos referidos no n.º 146.

207. Se o consumidor, antes de findo o prazo de livre resolução, no mínimo de 14 dias corridos, proceder à entrega de qualquer quantia o que acontece?

Essa entrega constitui prova do contrato e é considerada, pela lei, como feita por conta do preço do bem ou do serviço adquirido no domicílio, quando o contrato subsista; quando o consumidor resolve o contrato dentro dos 14 dias tem direito à devolução do que tiver pago.

VENDAS AUTOMÁTICAS

208. O que é uma venda automática?

A venda automática consiste na colocação de um bem ou serviço à disposição do consumidor, para que este o adquira mediante a utilização de uma máquina, ou outro qualquer tipo de mecanismo, com pagamento antecipado do seu custo. É o caso das máquinas de café, bebidas, chocolates, tabaco, preservativos, etc, nas quais se introduz o preço do bem, sendo o mesmo disponibilizado pela máquina sem qualquer intervenção humana.

O dono da máquina, ou quem detém a sua exploração, tem o dever de manter permanentemente a máquina de venda automática abastecida com os produtos a disponibilizar.

209. Existem regras especiais que os produtos vendidos nas máquinas devem cumprir?

Não. A actividade de venda automática deve obedecer à legislação aplicável à venda a retalho do bem ou à prestação de serviço em causa, nomeadamente em termos de indicação de preço da unidade adquirida, *rotulagem*, *embalagem*, características e *condições hígio-sanitárias dos bens*.

210. Todas as máquinas de venda automática devem permitir a recuperação da importância introduzida pelo consumidor em caso de não fornecimento do bem ou serviço solicitado?

Sim. A devolução ao consumidor do preço antecipadamente introduzido na máquina é obrigatória. Além disso, no equipa-

mento destinado à venda automática devem estar afixadas, de forma clara, e perfeitamente legível, as seguintes informações:
- a) Identificação da empresa comercial proprietária do equipamento, com o nome da *firma*, da sede, do número da matrícula na Conservatória do Registo Comercial competente e número de identificação fiscal;
- b) Identidade da empresa responsável pelo fornecimento do bem ou serviço;
- c) Endereço, **número de telefone** e contactos expeditos que permitam solucionar rápida e eficazmente as eventuais reclamações apresentadas pelo consumidor;
- d) Identificação do bem ou serviço que o consumidor pode adquirir;
- e) Preço por unidade;
- f) Instruções de manuseamento
- g) Instruções sobre a forma de recuperação do pagamento no caso de não fornecimento do bem ou serviço solicitado.

211. A violação das obrigações descritas é punida?

Sim. O não cumprimento das obrigações referidas constitui contraordenação punível com coima de €250 a €1.000, para pessoa singular, e de €1.500 a €8.000 para pessoa colectiva, nos mesmos termos das demais coimas referidas.

As reclamações e queixas devem ser dirigidas à Direcção Geral do Consumidor ou à ASAE e podem ser feitas pela internet.

No site www.consumidor.pt existe um formulário para efectuar reclamações e queixas pela internet.

212. Se as obrigações de informação obrigatórias não forem cumpridas quem é responsável perante o consumidor?

Perante o consumidor as entidades públicas e privadas nas instalações das quais se encontrem os equipamentos de venda

automática são solidariamente responsáveis com o proprietário dos mesmos por:
a) Restituir ao consumidor a importância por este introduzida na máquina, no caso de não fornecimento do bem ou serviço solicitado, ou de deficiência de funcionamento do mecanismo afecto a tal restituição;
b) Cumprir as obrigações de informação antes descritas.

VENDAS ESPECIAIS ESPORÁDICAS

213. O que são vendas especiais esporádicas?

Consideram-se vendas especiais esporádicas as realizadas de forma ocasional fora dos estabelecimentos comerciais, em instalações ou espaços privados especialmente contratados ou disponibilizados para esse efeito.

O consumidor tem direito à livre resolução do contrato no prazo de 14 dias a contar da celebração do contrato ou da entrega dos bens, se esta for posterior.

Quando o direito de resolução tiver sido exercido pelo consumidor, o fornecedor terá de devolver no prazo de 30 dias após a recepção da comunicação da resolução todos os montantes pagos pelo consumidor, sem quaisquer despesas para este.

O consumidor deverá conservar os bens de modo a poder restituí-los ao fornecedor, ou à pessoa designada no contrato, em devidas condições de utilização, no prazo de prazo de 30 dias após a sua recepção.

214. Quem pode autorizar a realização de vendas especiais esporádicas?

A realização de vendas especiais esporádicas apenas necessita de comunicação prévia à ASAE, e não de autorização.

A comunicação prévia deve ser realizada até 15 dias antes da data prevista para o início das vendas, por carta registada

com aviso de recepção, ou por carta entregue em mão, contra recibo. Da comunicação escrita constam obrigatoriamente:
   a) Identificação do promotor da venda e da sua *firma*;
   b) Endereço do promotor da venda;
   c) Número de inscrição do promotor da venda no Registo Nacional de Pessoas Colectivas;
   d) Identificação dos bens e serviços a comercializar;
   e) Identificação completa do local onde vão ocorrer as vendas;
   f) Indicação da data prevista para o início e fim da ocorrência.

215. Os consumidores podem solicitar a consulta do documento de comunicação prévia à ASAE?

Sim. Os consumidores podem ter acesso ao documento referido em qualquer momento, pois trata-se de um documento administrativo que está na posse da Administração Pública e que, como tal, segue o regime geral de acesso aos documentos administrativos.

A consulta ou mesmo a cópia do documento é sempre solicitada por escrito, via postal, ou entregue em mão contra recibo nos serviços da Autoridade.

A ASAE é obrigada a disponibilizar o documento para consulta ou a facultar a cópia solicitada no prazo máximo de 10 dias após o pedido, prazo que pode ser alargado até 2 meses em casos excepcionais.

O consumidor encontra mais informação sobre direito de acesso aos documentos administrativos em www.cada.pt

216. Qual a consequência para o vendedor ou promotor quando o consumidor se apercebe que a comunicação prévia à ASAE não foi efectuada?

O não cumprimento do dever de comunicação prévia à ASAE constitui contraordenação punível com coima de €400 a

€2.000, se cometida por pessoa singular, e de €2.500 a €25.000, se cometida por pessoa colectiva. A tentativa e a negligência são puníveis, sendo os limites, mínimo e máximo, da coima aplicável reduzidos a metade.

As queixas e reclamações dos consumidores podem ser efectuadas à Direcção Geral do Consumidor ou à ASAE.

217. É possível obrigar o consumidor a adquirir outro bem ou serviço como condição para adquirir o que pretende ao preço anunciado?

Não. As vendas ligadas são proibidas.

É proibido subordinar a venda de um bem ou a prestação de um serviço à aquisição pelo consumidor de um outro bem, ou serviço, junto do fornecedor ou de quem este designar.

Todavia, sempre que estejam em causa bens ou serviços que, pelas suas características, se encontrem entre si numa relação de complementaridade e esta relação seja de molde a justificar o seu fornecimento em conjunto, pode efectuar-se uma venda ligada (por exemplo um estojo com caneta e esferográfica).

Efectuar vendas ligadas, fora do caso referido constitui contraordenação punível com coima de €500 a €3.700, se cometida por pessoa singular, e de €3.500 a €35.000, se cometida por pessoa colectiva.

A tentativa e a negligência são puníveis, sendo os limites, mínimo e máximo, da coima aplicável reduzidos a metade.

218. A quem deve dirigir-se o consumidor no caso de lhe ser exigida uma venda ligada?

Como em todas as matérias já referidas as reclamações e queixas devem ser dirigidas à Direcção Geral do Consumidor ou à ASAE e podem ser feitas por internet.

No site *www.consumidor.pt* e em http://europa.eu.scadplus/ há formulários electrónicos e informações relevantes para agir.

219. A violação regras sobre contratos à distância, ao domicílio, equiparados, vendas automáticas e vendas esporádicas é punida apenas com coimas, ou existem sanções acessórias para os fornecedores ou prestadores de serviços?

Conforme a gravidade da situação, além da coima podem ser aplicadas ao fornecedor ou prestador de serviços sanções acessórias tais como publicitação da coima aplicada e seus motivos, ou perda dos produtos.

PRÁTICAS COMERCIAIS DESLEAIS

220. O que são práticas comerciais desleais?

É desleal qualquer prática comercial desconforme à diligência profissional, que distorça ou seja susceptível de distorcer de maneira substancial o comportamento económico do consumidor médio, ou o membro médio de um grupo (quando a prática comercial for destinada a um determinado grupo), ou que afecte o consumidor relativamente a certo bem ou serviço.

São desleais em especial:
a) As práticas comerciais susceptíveis de distorcer substancialmente o comportamento económico de um único grupo, claramente identificável, de consumidores particularmente vulneráveis, em razão da sua doença mental ou física, idade ou credulidade, se o profissional pudesse razoavelmente ter previsto que a sua conduta era susceptível de provocar essa distorção;
b) As práticas comerciais enganosas e as práticas comerciais agressivas.

221. O que é uma prática comercial enganosa?

É enganosa a prática comercial que contenha informações falsas ou informações que, mesmo sendo factualmente correctas, por qualquer razão, nomeadamente a sua apresentação geral, induzam ou possam induzir o consumidor em erro, conduzindo-o, ou podendo conduzi-lo a tomar uma decisão que este não teria tomado se tivesse sido correctamente informado.

222. Propor ao consumidor a compra de um produto que ainda não foi testado fora do laboratório, omitindo tal facto, embora fornecendo todas as demais informações disponíveis sobre o produto, é uma informação enganosa?

Sim. As informações enganosas podem respeitar tanto à natureza do bem ou do serviço, como à sua existência.

223. As informações enganosas podem incidir sobre as principais características de um produto ou serviço?

Sim. As informações enganosas podem incidir sobre a disponibilidade do bem ou serviço no mercado, as suas vantagens, os riscos que apresenta, a composição do produto, os acessórios, a assistência pós-venda e o tratamento das reclamações, o modo e a data de fabrico ou de fornecimento, a entrega, a adequação ao fim a que se destina e as garantias de conformidade; as utilizações, a quantidade, as especificações, a origem geográfica ou comercial; os resultados que podem ser esperados da sua utilização, – os resultados e as características bem como dos testes ou controlos efectuados.

224. A utilização de um selo de qualidade criado pelo produtor é uma informação enganosa?

A utilização de um selo de qualidade criado pelo produtor para levar os consumidores, à primeira vista, a acreditar que a qualidade do produto foi verificada por uma entidade diferente do próprio produtor é uma informação enganosa. As informações enganosas também podem referir-se ao conteúdo e à extensão dos compromissos assumidos pelo profissional, ou à motivação que levou o profissional a adoptar a prática de venda usada.

Também é enganosa a utilização de qualquer afirmação ou símbolo indicativos de que o profissional, o bem ou o serviço beneficiam, directa ou indirectamente, de patrocínio ou de apoio oficiais.

Naturalmente que não é enganosa a informação de que uma marca ou produtor patrocinam, apoiam oficialmente ou são patrocinadores oficiais de um evento público.

225. O preço afixado num produto pode conter uma informação enganosa?

Sim. A informação enganosa pode referir-se ao preço do bem, à sua forma de cálculo ou à existência de uma vantagem específica para o consumidor relativamente ao preço, desde que fora das situações legalmente previstas, como saldos e vendas em liquidação.

226. O profissional pode subir e baixar os preços dos produtos no seu estabelecimento sem informar desse facto o consumidor?

Em princípio, o profissional é livre de estabelecer e alterar o preço dos seus produtos ou serviços, salvo no caso dos preços regulados, como a electricidade, por exemplo.

Nas situações de saldos, vendas em liquidação e venda de produtos em risco de deterioração (que são obrigatoriamente anunciadas ao consumidor e têm regras definidas), o profissional pode vender com prejuízo e pode inclusive vender abaixo do preço de custo.

227. Fora das três situações excepcionais referidas, se o profissional quiser obter uma vantagem comercial anunciando uma redução de preços tem de cumprir certas regras e condições de informação leal ao consumidor?

Sim. Em primeiro lugar importa saber que todas as promoções com redução de preços têm de ser limitadas no tempo, ou seja ter uma data de início e de fim. Os preços reduzidos têm de ser os preços de referência, ou seja têm de ser os preços praticados pelo profissional durante os 30 dias anteriores (mínimo) ao início da campanha e a redução de preço tem de ser significativa para o consumidor.

Por exemplo, existirá informação enganosa se o preço de referência não for o praticado pelo profissional que faz a promoção mas for o praticado por outro profissional ou recomendado pela marca do produto em promoção.

Também existirá informação enganosa se o consumidor não tiver informação clara sobre o montante ou sobre a percentagem da redução, e não puder comparar o preço anterior (preço de referência) com o reduzido. Não existe uma fórmula única para prestar esta informação.

Por outro lado, o vendedor pode fazer redução de preço apenas em alguns tipos de bens ou serviços (só lavagem e corte de cabelo, ou só vestidos, ou só computadores portáteis), ou em todos os produtos que disponibilize ao consumidor. Essencial é que os produtos em promoção sejam claramente identificados e que a redução de preço seja explícita.

A redução de preço não pode ser nunca promovida junto do consumidor como oferta gratuita de uma quantidade de produto ou oferta gratuita de uma parte do serviço. Uma publicidade que dissesse ao consumidor: na compra de um vestido receba 1 vestido gratuito constituiria informação enganosa e, como tal, proibida. Todavia já não é proibido dizer: pague 1 e leve 2 ou leve 2 pelo preço de 1.

228. Existem outros tipos de informações enganosas?

Sim. Também podem ser enganosas as informações relativas à necessidade de prestação de um serviço, aplicação de uma peça, substituição ou reparação de um bem e as informações relativas à natureza, atributos e direitos do profissional ou do seu agente, como a sua identidade e o seu património, as suas qualificações, o preenchimento dos requisitos de acesso ao exercício da actividade, o seu estatuto, ou as suas relações, e os seus direitos de propriedade industrial, comercial ou intelectual, ou os prémios e distinções que tenha recebido.

É informação enganosa a que distorça os direitos do consumidor, em particular os direitos de substituição, de reparação, de redução do preço ou de resolução do contrato, o direito à conformidade dos bens de consumo e o direito a conhecer os riscos que o consumo de um bem pode apresentar.

229. Atendendo a todas as características e circunstâncias do caso concreto, o que é uma prática comercial enganosa?

É enganosa a prática comercial que envolva:
a) Qualquer actividade de promoção comercial relativa a um bem ou serviço, incluindo a publicidade comparativa, que crie confusão com quaisquer bens ou serviços, marcas, designações comerciais e outros sinais distintivos de um concorrente;
b) O incumprimento pelo profissional de qualquer compromisso efectivo decorrente do código de conduta a que se obrigou no caso de ter informado, na prática comercial, de que se encontrava vinculado àquele código.

230. O que são acções enganosas?

São consideradas enganosas, em qualquer circunstância, as seguintes práticas comerciais de informação ao consumidor:
1) Afirmar ser signatário ou aderente de um código de conduta, quando não o seja;

2) Exibir uma marca de certificação, uma marca de qualidade ou equivalente sem ter obtido a autorização necessária;
3) Afirmar que o seu código de conduta foi aprovado por um organismo público ou outra entidade, quando tal não corresponda à verdade;
4) Afirmar que um profissional, incluindo as suas práticas comerciais, ou um bem ou serviço foram aprovados, reconhecidos ou autorizados por um organismo público, ou privado, quando tal não corresponde à verdade, ou fazer tal afirmação sem respeitar os termos da aprovação, do reconhecimento ou da autorização;
5) Declarar falsamente que o bem ou serviço está disponível apenas durante um período muito limitado, ou que só está disponível em condições especiais por um período muito limitado, a fim de obter uma decisão imediata e privar os consumidores da oportunidade, ou do tempo suficientes, para tomarem uma decisão esclarecida.

231. O profissional pode anunciar ao consumidor um bem ou serviço por um preço inferior ao praticado no mercado pelos concorrentes quando apenas tem condições para fazer esse preço numa quantidade mínima de exemplares?

Não. Em qualquer circunstância é enganosa a prática comercial de propor ao consumidor a compra de um bem ou serviço por um preço inferior ao praticado no mercado por outros fornecedores ou prestadores de serviços, sabendo, ou não podendo desconhecer, que não tem condições para o cumprir por não ter existências em quantidade suficiente e por um período de tempo compatível com a procura previsível face ao preço indicado e ao volume e meios de publicidade que fez ao bem ou serviço em causa, a menos que indique quem (outro profissional) disponha do mesmo produto ou serviço, nas mesmas condições, com o mesmo preço e com igual grau de facilidade de acesso para o consumidor.

232. É proibido propor ao consumidor a aquisição de bens ou de serviços a um determinado preço e, com a intenção vender um bem ou serviço diferente, recusar o bem ou serviço publicitado, por exemplo dizendo que o bem publicitado já acabou mas tem outro igual e que faz as mesmas vezes?

Sim. Tal constitui uma prática comercial proibida porque é enganosa para o consumidor. O profissional também não pode recusar as encomendas relativas a um bem ou serviço publicitado, ou a sua entrega ou o fornecimento num prazo razoável, nem apresentar amostra defeituosa ou demonstração insuficiente do produto ou serviço. Tal como as anteriores, estas acções são proibidas por lei, pois são práticas comerciais enganosas para o consumidor, e destinam-se a fazê-lo adquirir um bem que noutras condições não adquiriria. O consumidor não deve hesitar em dar a conhecer essas situações à DGC, à ASAE e à Autoridade da Concorrência.

233. O profissional pode comprometer-se a fornecer um serviço de assistência pós-venda em português ou em russo e depois fornecê-lo apenas em inglês?

Não. Comprometer-se a fornecer o serviço de assistência pós-venda numa língua usada para comunicar antes da decisão negocial, ainda que não seja uma das línguas oficiais do Estado Membro em que o profissional se encontra estabelecido, e posteriormente prestar este serviço apenas em língua diversa, quando não anunciou de forma clara esta alteração ao consumidor antes da compra, é uma prática comercial abusiva e proibida por lei.

Também é enganosa a prática de declarar que a compra ou venda de um bem ou a prestação de um serviço é lícita ou transmitir essa impressão quando tal não corresponda à verdade. É o que se passa com a venda de medicamentos cuja comercialização não foi autorizada, produtos "milagrosos", elixires da juventude, exploração de máquinas, apostas e outros jogos a dinheiro que não se encontrem legalizados, etc.

Neste caso, como em todos as situações de práticas enganosas já identificadas, o consumidor deve apresentar queixa junto da autoridade policial mais próxima e da ASAE, assim como deve queixar-se, também, à Direcção Geral do Consumidor e à Autoridade da Concorrência.

234. É permitido ao fornecedor apresentar como característica especial do seu produto ou serviço o respeito pelos direitos dos consumidores?

Não. Apresentar como característica distintiva da oferta do profissional o respeito pelos direitos do consumidor previstos na lei é uma prática enganosa porque todos os profissionais estão obrigados a, no mínimo, cumprir o disposto na lei relativamente aos direitos dos consumidores.

Também é prática comercial proibida, porque enganosa e abusiva, utilizar um conteúdo editado nos meios de comunicação social para promover um bem ou serviço, sem avisar o consumidor que essa edição nos meios de comunicação social era publicidade paga pelo próprio profissional.

Naturalmente que essa prática não será enganosa se o consumidor puder identificar com facilidade e clareza que o próprio fornecedor pagou a divulgação pública para a qual remete o consumidor.

A divulgação pública de um produto ou serviço nos órgãos de comunicação social dá credibilidade ao mesmo e, portanto, só é admitida quando o consumidor souber que a divulgação pública só foi feita porque foi paga pelo próprio fornecedor ou se tal estiver indicado claramente no conteúdo do anúncio, ou resultar de imagens ou sons que o consumidor possa identificar com clareza.

Também é totalmente proibido, e punido pela lei, fazer afirmações substancialmente inexactas relativas à natureza e à amplitude do risco para a segurança pessoal do consumidor ou da sua família.

235. Um produtor ou prestador de serviços pode apresentar o seu produto ou serviço ao consumidor com as mesmas características de um produto ou serviço de outro fabricante ou fornecedor?

Promover um bem ou serviço análogo ao produzido ou oferecido por um fabricante específico de maneira a levar deliberadamente o consumidor a pensar que, embora não seja esse o caso, o bem ou serviço provêm desse mesmo fabricante é enganoso, proibido e punido por lei.

236. É permitido ao fornecedor fazer arredondamentos em alta do preço?

Fazer o arredondamento em alta do preço, da duração temporal ou de outro factor, directa ou indirectamente, relacionado com o fornecimento do bem ou com a prestação do serviço, que não tenha uma correspondência exacta e directa no gasto ou utilização efectivos realizados pelo consumidor, e que conduza ao aumento do preço a pagar por este, é uma prática comercial enganosa para o consumidor e distorcedora da concorrência, pelo que é proibida.

De igual modo, é proibido criar, explorar ou promover um sistema de promoção em pirâmide em que o consumidor dá a sua própria contribuição em troca da possibilidade de receber uma contrapartida que decorra essencialmente da entrada de outros consumidores no sistema. No final dos anos 90 apareceu em Portugal o sistema de promoção em pirâmide denominado Joker88, no qual o consumidor entrava com 5.000$00 (25€) e recebia 3 certificados que tinha de vender a outros 3 indivíduos. No final, se todos os elementos que entrassem no sistema depois dele vendessem todos os certificados, o consumidor poderia vir a receber 25.000.000$00, mas bastava que um elemento não vendesse um certificado para a pirâmide se quebrar sem possibilidade de ser reatada. Outro sistema de promoção em pirâmide absolutamente proibido foi o KáteKero nos anos 80, do qual muitos consumidores talvez ainda se lembrem.

237. É permitido ao vendedor descrever o bem ou serviço como «grátis», «gratuito», «sem encargos» ou equivalente, se o consumidor tiver de pagar mais do que o custo indispensável para responder ao anúncio, para ir buscar o bem ou se tiver de pagar pela sua entrega?

Não, pois o consumidor acaba sempre por ter de pagar de uma maneira ou de outra. Também é expressamente proibido o uso da prática comercial de incluir no material de promoção comercial uma factura ou documento equiparado solicitando pagamento, de qualquer quantia, dando ao consumidor a impressão de já ter encomendado o bem ou serviço comercializado, quando tal não aconteceu.

De igual modo é enganoso transmitir informações inexactas sobre as condições de mercado, ou sobre a impossibilidade, ou dificuldade de encontrar o bem ou serviço, com a intenção de induzir o consumidor a adquirir em condições menos favoráveis do que as condições normais de mercado;

Também é proibido a qualquer fornecedor dar a impressão falsa de que o serviço pós-venda relativo ao bem ou serviço proposto ao consumidor está disponível em Estado Membro distinto daquele em que o produto é vendido ou o serviço prestado. Exemplo concreto desta prática comercial proibida é o fornecedor incutir no consumidor a impressão que o serviço pós-venda, ou o serviço de entrega gratuita, está disponível no Estado Membro da residência do consumidor, quando esse serviço só está disponível no Estado do fornecedor ou prestador de serviços.

238. Além das práticas comerciais descritas, quais são as outras acções ou práticas comerciais que são consideradas enganosas para o consumidor em qualquer circunstância?

É considerado prática enganosa para o consumidor em qualquer circunstância:

a) Alegar que o profissional está prestes a cessar a sua actividade ou a mudar de instalações, quando tal não corresponde à verdade;
b) Alegar que o bem ou serviço pode aumentar as possibilidades de ganhar nos jogos de fortuna ou azar;
c) Alegar falsamente que o bem ou serviço é capaz de curar doenças, disfunções e malformações;
d) Alegar falsamente ou dar a impressão de que o profissional não está a agir para fins relacionados com a sua actividade comercial, industrial, artesanal ou profissional, bem como o profissional apresentar-se falsamente como consumidor;
e) Declarar que se organiza um concurso ou uma promoção com prémio, sem entregar os prémios descritos ou um equivalente razoável;

239. O que é uma omissão enganosa?

Uma prática comercial constitui omissão enganosa se conduz, ou é susceptível de conduzir, o consumidor a tomar uma decisão de transacção que não teria tomado de outro modo. É enganosa a prática que:
a) Omite uma informação com requisitos substânciais para uma decisão negocial esclarecida do consumidor;
b) Oculte ou apresente de modo pouco claro, ininteligível ou tardio a informação referida na alínea anterior;
c) Não refere a intenção comercial da prática, se tal não se puder depreender do contexto.

240. O que são práticas comerciais consideradas agressivas em qualquer circunstância?

São consideradas agressivas, em qualquer circunstância, as seguintes práticas comerciais:
a) Criar a impressão de que o consumidor não pode deixar o estabelecimento sem que antes tenha sido celebrado um contrato;

b) Contactar o consumidor através de visitas ao seu domicílio, ignorando o pedido daquele para que o profissional parta ou não volte, excepto em circunstâncias e na medida em que tal se justifique para o cumprimento de obrigação contratual;
c) Fazer solicitações persistentes e não solicitadas, por telefone, fax, e-mail ou qualquer outro meio de comunicação à distância, excepto em circunstâncias e na medida em que tal se justifique para o cumprimento de obrigação contratual;
d) Obrigar o consumidor que pretenda solicitar indemnização ao abrigo de uma apólice de seguro, a apresentar documentos que, de acordo com os critérios de razoabilidade, não possam ser considerados relevantes para estabelecer a validade do pedido, ou deixar sistematicamente sem resposta a correspondência pertinente, com o objectivo de dissuadir o consumidor do exercício dos seus direitos contratuais;
e) Incluir em anúncio publicitário uma exortação directa às crianças no sentido de comprarem ou convencerem os pais ou outros adultos a comprarem-lhes os bens ou serviços anunciados;
f) Exigir o pagamento imediato ou diferido de bens e serviços, ou a devolução ou a guarda de bens fornecidos sem que o consumidor os tenha solicitado;
g) Informar explicitamente o consumidor de que a sua recusa em comprar o bem ou contratar a prestação do serviço põe em perigo o emprego ou a subsistência do profissional;
h) Transmitir a impressão falsa de que o consumidor já ganhou, vai ganhar ou, mediante a prática de um determinado acto, ganha um prémio ou outra vantagem quando não existe qualquer prémio ou vantagem, ou quando a prática de actos para reclamar o prémio ou a vantagem implica, para o consumidor, pagar um montante em dinheiro ou incorrer num custo.

241. Como é punida a violação da proibição das práticas comerciais desleais, enganosas ou agressivas?

As práticas comerciais desleais constituem contra-ordenação punível com coima de €250 a €3.740,98, se o infractor for pessoa singular, e de €3.000 a €44.891,81 se for pessoa colectiva.

Tendo em conta o caso concreto existem ainda sanções acessórias que podem ser aplicadas e que são as seguintes:
   a) Perda de objectos pertencentes ao agente pelo período máximo de 2 anos;
   b) Interdição do exercício de profissões ou actividades cujo exercício dependa de título público ou de autorização ou homologação de autoridade pública;
   c) Encerramento de estabelecimento cujo funcionamento esteja sujeito a autorização ou licença de autoridade administrativa, pelo período máximo de 2 anos;
   d) Publicidade da aplicação das coimas e das sanções acessórias, a expensas do infractor.

A negligência é sempre punível, sendo os limites, máximos e mínimos, das coimas reduzidos a metade.

242. A quem compete fiscalizar a existência de práticas comerciais desleais e a quem compete aplicar as coimas?

A fiscalização da existência de práticas comerciais desleais, bem como a instrução dos respectivos processos de contra-ordenação compete à ASAE ou à Autoridade Administrativa competente em razão da matéria, para a qual a ASAE deve remeter as queixas que lhe sejam presentes.

A aplicação das coimas compete à entidade prevista no respectivo regime regulador sectorial ou, caso não exista, à Comissão de Aplicação das Coimas em Matéria Económica e de Publicidade (CACMEP).

As autoridades policiais e serviços públicos têm o dever de cooperar com as autoridades administrativas referidas nos números anteriores em tudo o que for necessário para o desempenho das funções da ASAE ou da entidade sectorial.

Em anexo o consumidor encontrará a lista das entidades sectoriais e respectivos contactos.

243. O consumidor lesado por uma prática comercial desleal proibida tem direito a ver os seus interesses económicos protegidos?

Sim. O consumidor lesado por efeito de alguma prática comercial desleal proibida tem direito a ser ressarcido, nos termos gerais.

244. A quem se deve dirigir o consumidor quando suspeite que foi ou está a ser vítima de uma prática comercial desleal?

O consumidor deve dirigir a sua queixa à ASAE, à entidade sectorial competente, à Direcção Geral do Consumidor ou a uma associação de defesa do consumidor de âmbito nacional e representatividade genérica.

ASSOCIAÇÕES DE CONSUMIDORES

245. O que são associações de consumidores?

As associações de consumidores são pessoas colectivas, dotadas de personalidade jurídica e sem fins lucrativos, que têm como objectivo principal proteger os direitos e interesses dos consumidores em geral ou dos consumidores seus associados.

As associações de consumidores podem também destinar-se a defender os consumidores de um qualquer bem ou serviço, como, por exemplo, a Associação de Utilizadores da Ponte 25 de Abril.

Associações de Consumidores

246. Quais são os tipos de associações de consumidores?

Há diversos tipos de associações de consumidores conforme a área territorial da sua actividade.

As associações de consumidores de âmbito local têm obrigatoriamente um mínimo de 100 associados; as associações de consumidores de âmbito regional têm número mínimo de 500 associados e as de âmbito nacional têm obrigatoriamente, pelo menos, 3.000 associados.

247. E que outro tipo de associações de consumidores existem?

As associações de consumidores também são classificadas conforme o seu âmbito de acção é genérico ou específico.

De acordo com os respectivos objectivos e fins estatutários as associações de consumidores dividem-se em associações de interesse genérico e associações de interesse específico.

São de interesse genérico as associações cujo fim estatutário seja a tutela dos direitos dos consumidores em geral desde que órgãos ou corpos sociais sejam eleitos por voto universal, secreto e periódico de todos os associados.

São de interesse específico as associações de consumidores de determinados bens ou serviços, desde que os seus órgãos ou corpos sociais sejam eleitos por voto secreto periódico e universal. São associações de consumidores de fins específicos, como por exemplo a Associação dos Consumidores de Leite ou uma Associação de Telespectadores, etc.

As cooperativas de consumo são equiparadas por lei a associações de consumidores de interesse genérico ou específico, conforme os casos, com excepção do que respeita a benefícios fiscais.

248. Quais os direitos das *associações de consumidores* âmbito nacional e interesse genérico?

As associações de consumidores de âmbito nacional e interesse genérico têm direito:
a) Ao estatuto de parceiro social nas matérias referentes à política de consumidores, podendo indicar representantes para órgãos de consulta e de concertação que se ocupem da protecção dos consumidores;
b) À utilização de direito de antena na rádio e na televisão, nos canais de serviço público de maior audiência, nos termos previstos na lei da rádio e da televisão para os parceiros sociais.
   b1) O direito de antena na televisão é de cinquenta minutos por ano, a ratear de acordo com a sua representatividade pelas associações de defesa do ambiente, associações de defesa do consumidor e dos direitos humanos.
   b2) Os tempos de antena são emitidos no canal televisivo de maior audiência do serviço público, também designado por serviço de programas televisivo de cobertura nacional (RTP – canal 1).
   b3) O direito de antena na rádio é de sessenta minutos por ano a ratear, de acordo com a sua representatividade, pelas associações de defesa do ambiente, associações de defesa do consumidor e dos direitos humanos.
c) A participarem nos processos de regulação de preços de fornecimento de bens e de prestações de serviços essenciais de natureza não regional ou local, nos domínios da água, energia, gás, transportes e telecomunicações, bem com têm o direito de solicitarem os esclarecimentos sobre as tarifas praticadas e a qualidade dos serviços, por forma a poderem pronunciar-se sobre elas.

Associações de Consumidores

249. Quais são os direitos das outras associações de defesa do consumidor?

Todas as associações de consumidores ou de defesa dos consumidores independentemente da sua área territorial de actividade e do seu âmbito de actuação têm os seguintes direitos e limitações de acção:
  a) Direito a representar os consumidores nas consultas e audições públicas a realizar no decurso da tomada de decisões públicas susceptíveis de afectar os direitos e interesses dos consumidores, por exemplo o horário de abertura do comércio local ou dos bares nocturnos, ou a localização de um hospital;
  b) Direito a solicitar junto das autoridades administrativas ou judiciais competentes a apreensão e retirada de bens do mercado ou a interdição de serviços lesivos dos direitos e interesses dos consumidores, por exemplo uma tinta que provoca alergia ou um brinquedo a pilhas que dá choque;
  c) Direito a corrigir e a responder ao conteúdo de mensagens publicitárias relativas a bens e serviços postos no mercado,
  d) Direito a requerer junto das autoridades competentes que seja retirada do mercado publicidade enganosa ou abusiva,
  e) Direito a consultar os processos e demais elementos existentes nas repartições e serviços públicos da administração central, regional ou local, que contenham dados sobre as características de bens e serviços de consumo e de divulgar as informações necessárias à tutela dos interesses dos consumidores, por exemplo as condições de licenciamento de um estabelecimento de cabeleireiro, ou a autorização para produzir e vender determinadas substâncias como soro fisiológico, detergentes, pasta de dentes, desodorizantes etc.
  f) Direito a serem esclarecidas sobre a formação dos preços de bens e serviços, sempre que o solicitem, por exemplo o preço do saneamento básico ou a taxa do lixo;

g) Direito de participar nos processos de fixação dos preços de fornecimento de bens e de serviços essenciais, nomeadamente água, energia, gás, transportes e telecomunicações, e a solicitar os esclarecimentos sobre as tarifas praticadas e a qualidade dos serviços. Este direito é conferido às associações de âmbito local, regional ou nacional e de interesse genérico para os serviços de natureza local, regional ou nacional, respectivamente.

§ As Associações de consumidores de interesse específico têm direito de participar nos processos de fixação de preços de bens essenciais, quando esse interesse esteja directamente relacionado com o bem ou serviço que é objecto da regulação de preços. Por hipótese, a associação portuense de consumidores de água da barragem X tem direito a participar na fixação de preços da água no município do Porto;

h) Direito a solicitar aos laboratórios oficiais a realização de análises sobre a composição ou sobre o estado de conservação e demais características dos bens destinados ao consumo público e de tornarem públicos os correspondentes resultados, devendo o serviço ser prestado segundo tarifa que não ultrapasse o preço de custo;

i) Direito à presunção de boa fé das informações por elas prestadas;

j) Direito à *acção popular*;

k) Direito de queixa e denúncia, bem como direito de se constituírem como assistentes em sede de processo penal e a acompanharem o processo contra-ordenacional, quando o requeiram, apresentando memorandos, pareceres técnicos, sugestão de exames ou outras diligências de prova até que o processo esteja pronto para decisão final;

l) Direito à isenção do pagamento de custas, preparos e de imposto do selo;

m) Direito a receber apoio do Estado, através da administração central, regional e local, para a prossecução dos

seus fins, nomeadamente no exercício da sua actividade no domínio da formação, informação e representação dos consumidores;
n) Direito a benefícios fiscais idênticos aos das instituições particulares de solidariedade social (IPSS). As cooperativas de consumo não têm direito a estes benefícios fiscais.

250. O que são as leis nacionais de defesa do consumidor?

As leis nacionais de defesa do consumidor são as Leis da Assembleia da República, decretos-lei do Governo, portarias, decretos legislativos regionais, decretos regulamentares e resoluções do Conselho de Ministros que protegem o consumidor para além do mínimo estabelecido nas Directivas. A *legislação transposta* é lei nacional. As leis nacionais prevêem também a existência dos *Acordos de Boa Conduta*.

251. Como são criados os *Acordos de Boa Conduta*?

Os *Acordos de Boa Conduta*, também designados Convenções ou Protocolos, são negociados entre as Associações de Defesa dos Consumidores e os profissionais de uma determinada actividade, ou suas estruturas representativas, e destinam-se a reger as relações de consumo entre os profissionais (fornecedores ou prestadores de serviços) e os respectivos consumidores.

O texto dos Acordos respeita normalmente à resolução extrajudicial, rápida, económica e desburocratizada dos *conflitos de consumo* e, bem assim, às normas de conduta e qualidade a que os fornecedores se obrigam publicamente, podendo ser invocadas pelo consumidor na defesa dos seus direitos e interesses, em determinadas situações.

252. Os *Acordos de Boa Conduta* podem afastar a aplicação das leis que defendem os consumidores?

Os Acordos não podem conter regras contrárias às leis imperativas de defesa do consumidor, nomeadamente em matéria de concorrência e preços, nem conter disposições menos favoráveis aos consumidores do que as legalmente previstas.

Os A*cordos de Boa Conduta* celebrados com A*ssociações de Consumidores de Interesse Genérico* obrigam os profissionais em relação a todos os consumidores.

253. Como é que os consumidores têm acesso aos Acordos existentes?

Os *Acordos de Boa Conduta* são divulgados através da afixação do seu conteúdo ou menção nos estabelecimentos comerciais, sem prejuízo da utilização de outros meios informativos e de divulgação mais circunstanciados que os signatários acordem e promovam.

254. Como se perspectiva a protecção do consumidor no futuro?

Como referimos, as alterações que se perspectivam para o futuro, são dirigidas a proteger o desenvolvimento da industria de produção dos bens e o comércio intracomunitário mais do que os consumidores.

A proposta de directiva sobre os direitos dos consumidores que transforma em grau de protecção universal e único o nível de protecção mínimo permitido pelas directivas relativas em vigor.

O futuro parece exigir uma maior intervenção dos cidadãos e das organizações de defesa dos seus interesses, em ordem a impedir a instrumentalização do direito do consumo como política económica que redunde em diminuição da protecção da saúde, do património ou dos interesses dos consumidores.

ANEXOS

ANEXO 1
Identificação das áreas de defesa do consumidor, respectivas entidades reguladoras, e de fiscalização sectoriais

O quadro abaixo identifica as áreas da defesa dos consumidores e as entidades de regulação, supervisão, controlo e fiscalização sectoriais e respectivas moradas, com indicação de formulários para reclamações online, quando assinalado.

Estas entidades articulam com a Direcção Geral do Consumidor a troca de informações a nível da União Europeia e os consumidores podem apresentar-lhes directamente as queixas relativas à sua área de actividade.

Áreas da Defesa Consumidor	Entidades de Regulação, Controlo e Fiscalização	Moradas e Meios de contacto
Publicidade enganosa	**DGC** – Direcção Geral do Consumidor **CACMEP** – Comissão para Aplicação de Coimas em Matéria Económica e de Publicidade	Praça Duque de Saldanha, 31 – 3º, 1069 – 013 Lisboa Telef: 213 564 600; Fax: 213 564 719 Email: *dgc@dg.consumidor.pt* Atendimento Consumidor: 707 788 787 (dias úteis das 9,30h às 14,30h) Site *http://www.consumidor.pt* Disponibiliza formulários on-line
Contratos negociados fora dos estabelecimentos comerciais.	**ASAE** – Autoridade de Segurança Alimentar e Económica	Autoridade de Segurança Alimentar e Económica, Av. Conde de Valbom, 98, 1069-185 Lisboa Telef: 217 983 600; Fax: 217 983 654 Email: correio.asae@asae.pt Divisão de Informação: 217 900 410, 2ª feira a 6ª feira das 10.00 – 12.00 e das 14.00 – 16.00 Disponibiliza formulários on-line
Crédito ao consumo	**DGC** – Direcção Geral do Consumidor	Ver supra
Emissões de televisão, Programas de Televisão, publicidade na televisão.	**GPMCS** – Gabinete para os Meios de Comunicação Social (Ex. ICS)	Palácio Foz Praça dos Restauradores 1250-187 Lisboa Telefone: (351) 21 322 12 00 Fax: (351) 21 322 12 09 Correio electrónico:

		geral@gmcs.pt Disponibiliza formulários on-line Ver supra
	DGC – Direcção Geral do Consumidor **ERC** – Entidade Reguladora da Comunicação Social	Avenida 24 de Julho, n.º 58 1200-869 Lisboa Tel: 210 107 000 Fax: 210 107 019 e-mail: info@erc.pt.
Viagens organizadas, férias organizadas e circuitos organizados.	**ASAE** – Autoridade de Segurança Alimentar e Económica	Ver supra
Cláusulas abusivas nos contratos celebrados com os consumidores.	**DGC** – Direcção Geral do Consumidor	Ver supra
	Ministério Público – Tribunal da Comarca	Consultar Lista Telefónica do Concelho – domicílio do consumidor
	CMVM – Comissão de Mercado de Valores Mobiliários	Av. Liberdade n.º 252 1056-801 LISBOA Tel: 213 177 000 Fax: 213 537 077 Linha verde: 800 205 339 Delegação do Porto Rua Dr. Alfredo Magalhães, 8 – 5º 4000-061 PORTO Tel. 222 084 402/3; Fax: 222 084 301 Email Geral: *cmvm@cmvm.pt* Webmaster: *webmaster@cmvm.pt* Disponibiliza formulários on-line
Contratos de aquisição de um direito de utilização a tempo parcial de bens imóveis (time-sharing).	**ASAE** – Autoridade de Segurança Alimentar e Económica	Ver supra
Contratos à distância	**ASAE** – Autoridade de Segurança Alimentar e Económica	Ver supra
Publicidade enganosa incluindo a publicidade comparativa.	**DGC** – Direcção Geral do Consumidor	Ver supra
	CACMEP – Comissão para Aplicação de Coimas em Matéria Económica e de Publicidade	Ver supra
Obrigatoriedade de indicação do preço, incluindo impostos, dos produtos.	**ASAE** – Autoridade de Segurança Alimentar e Económica	Ver supra

Anexos

Venda de bens de consumo fora dos estabelecimentos comerciais e garantias respectivas.	**DGC** – Direcção Geral do Consumidor	Ver supra
	Ministério Público – Tribunal da Comarca	Ver lista telefónica do concelho do domicilio consumidor
Comércio electrónico	**CNPDI** – Comissão Nacional de Protecção de Dados Pessoais Informatizados	Rua de São Bento n.º 148-3º 1200-821 Lisboa; Tel: 213 928 400 – Fax: 213 976 832 e-mail: *geral@cnpd.pt* Disponibiliza formulários on-line
	Autoridades Supervisão Sectorial	
	CMVM – Comissão do Mercado de Valores Mobiliários;	Ver supra
	BdP – Banco de Portugal;	Banco de Portugal Apartado 2240 1106-001 LISBOA clientebancario@bportugal.pt Disponibiliza formulários on-line
	ISP – Instituto de Seguros de Portugal;	Av. da República, 59, 1050-189 Lisboa Tel. 217 913 564 800201920 das 9h00 às 16h00 Fax 217 935 480 Email – *consumidor@isp.pt* Disponibiliza formulários on-line
	ERC – Entidade Reguladora para a Comunicação Social;	Av. 24 de Julho, 58 1200-869 Lisboa, Tel: 210 107 000; Fax: 210 107 019; e-mail: *info@erc.pt*
	DGC – Direcção Geral do Consumidor	Ver supra
	ICP – ANACOM (Autoridade Supervisão Central)	Av. José Malhoa, nº 12 1090-017 Lisboa Fax 217 211 009 Atendimento tel.: 800 206 665 Horário: 9:00 às 16:00 Madeira – encerra das 12:30H às 14:00H Disponibiliza formulários on-line
Código comunitário relativo aos medicamentos para uso humano.	**INFARMED** – Instituto da Farmácia e do Medicamento	Parque de Saúde de Lisboa – Avenida do Brasil, 53 – 1749-004 Lisboa Telef: 217 987 100 Fax: 217 987 316 e-mail: infarmed@infarmed.pt

Contratos à distância de serviços financeiros prestados a consumidores.	**BdP** – Banco de Portugal **ISP** – Instituto de Seguros de Portugal **CMVM** – Comissão de Mercados de Valores Mobiliários	Ver supra Ver supra Ver supra
Indemnização e assistência aos passageiros dos transportes aéreos em caso de recusa de embarque e de cancelamento ou atraso considerável dos voos.	**INAC** – Instituto Nacional de Aviação Civil	Rua B, Edifícios 4, 5, 6 – Aeroporto da Portela 1749-034 Lisboa Tel: 218 423 500 Fax: 218 473 585 Defesa do Consumidor: e-mail: *rege.cpdc@inac.pt*
Práticas comerciais desleais	**ASAE** (Autoridade de Segurança Alimentar e Económica) – todas as infracções com excepção das relativas ao sector financeiro e publicidade. **BdP** (Banco de Portugal) – infracções do sector financeiro bancário **CMVM** (Comissão de Mercados de Valores Mobiliários) – Infracções do sector financeiro não bancário nem segurador; **ISP** (Instituto de Seguros de Portugal) – Infracções do sector financeiro segurador; **DGC** (Direcção Geral do Consumidor) – Infracções relativas a publicidade	Ver supra Ver supra Ver supra Ver supra Ver supra

ANEXO 2
Moradas e contactos das entidades reguladoras e de controlo

Entidade Reguladora e de Controlo	Morada	Telefone	Fax	Email
Direcção-Geral da Geologia e Energia (DGGE)	Direcção Geral de Energia e Geologia Av. 5 de Outubro, nº 87 1069-039 Lisboa	Tel.217 922 700 217 922 800 Linha Azul: 217 922 861	Fax: 217 939 540	energia@dgge.pt www.dgge.pt
Turismo de Portugal Direcção-Geral de Turismo (IT /DGT)	Turismo de Portugal, I.P. Rua Ivone Silva, Lote 6 1050-124 Lisboa – Portugal	Telefone: 217 808 800	Fax: 217 937 537	info@turismodeportugal.pt
Instituto da Água (INAG)	INAG – Contacto Geral: Av. Almirante Gago Coutinho, nº 30 – 1049-066 Lisboa	Telefone: 21 843 00 00	Fax: 21 847 35 71	inforag@inag.pt www.inag.pt
Instituto do Ambiente INAMB	Agência Portuguesa do Ambiente Rua da Murgueira, 9/9A 2611-865 Amadora – Portugal	Telefone: 21 472 82 00	Fax: 21 471 90 74	geral@iambiente.pt
Instituto da Construção e do Imobiliário (ICI)	Av. Júlio Dinis, 11, 1069–010 Lisboa	Telefone: 217 946 700 Linha Azul: 707 201 020	Fax: 217 946 799	
Instituto Nacional do Desporto (IND)	Av. Infante Santo, 76 1399-032 Lisboa	Telefone: 21 003 47 00	Fax: 21 397 95 57	geral@idesporto.pt
Instituto dos Resíduos (IR)	Av. Almirante Gago Coutinho, 30, 5º 1000-017 Lisboa	Telefone: 218 424 000	Fax: 218 424 059	inr@inresiduos.pt
Autoridade Nacional de Segurança Rodoviária Antiga DGV	Avenida da República, 16 – 1069-055 Lisboa	Telefone: 21 312 21 00 Linha de Informações 707 20 00 11	Fax: 21 353 03 58	

Anexos

Direcção Geral das Alfândegas e dos Impostos Especiais sobre o Consumo	Rua da Alfândega, n.º 5 – r/c 1149-006 LISBOA	Tel. 218 813 801 Tel. 218 813 713	Fax: 218 813 990 Fax: 218 813 982	*dgaiec@dgaiec.min financas.pt* dsiec@dgaiec.min financas.pt
Autoridade da Concorrência (AC)	Rua Laura Alves, nº4, 7º 1050-138 Lisboa Telefone: (351) 21 790 20 00	Telefone: 21 790 20 00 Atendimento ao público: 9H30 – 13H00 14H00 – 17H30	Fax: 21 790 20 99	adc@concorrencia.pt
Entidade Reguladora da Saúde (ERS)	Morada: Rua S. João de Brito, n.º 621, L 32, 4100-455 Porto	Telefone: 22 209 23 50 Horário de atendimento: 9:00 -12:30 14:00 – 17:30	Fax: 22 209 23 51	geral@ers.pt
Entidade Reguladora dos Serviços Energéticos (ERSE)	Rua Dom Cristóvão da Gama n.º 1 – 3.º 1400 -113 Lisboa	Linha Azul: 808 10 20 10 (15 às 18 horas)	Fax: 21 303 32 01	erse@erse.pt
Instituto Nacional do Transporte Ferroviário (INTF)	IMITT sucedeu ao INTF Av. das Forças Armadas, 40 1649-022 LISBOA	Tel. 217 949 000 808 502 020	Fax: 217 973 777	sois@imtt.pt
Instituto Regulador das Águas e Resíduos (IRAR)	Centro Empresarial Torres de Lisboa Rua Tomás da Fonseca, Torre G, 8º 1600-209 LISBOA	Telefone: 210 052 200 Horário 9 – 18 h	Fax: 210 052 259	irar.geral@irar.pt

ANEXO 3

Minuta de Queixa ou Reclamação do Consumidor
(quando não utilize os formulários disponibilizados na Internet
pelas entidades referidas nos anexos anteriores)

Exmo. Senhor
(Morada)

Assunto: Reclamação / apresentação de queixa (riscar o que não interessa) por _____ (indicar motivo: produto com defeito, falta de condições higio-sanitárias, falta do Livro de Reclamações, etc.)

Eu, ____ (nome, morada), na data _____ (indicar) em _____ (explicitar local da compra/nome do estabelecimento e nome da pessoa que contactou), **adquiri** _____ (indicar produto/serviço), conforme contrato/recibo/nota de encomenda (riscar o que não interessa), de que junto cópia em anexo.
Acontece que _____ (explicitar motivo da comunicação de forma o mais sucinta e afirmando apenas factos que possa "provar", por exemplo o aparelho não funcionou, os sapatos rebentaram depois de 1ª utilização, a camisola provocou alergia, a máquina provocou curto circuito).
O bem encontra-se ainda em garantia ou o bem foi adquirido há _____ encontrando-se ainda no período de duração expectável para um produto deste tipo (riscar o que não interessa).
Assim, pela presente exerço o meu direito a _____ (explicitar resultado que pretende obter: reparação dos prejuízos, devolução do preço, reparação do bem, troca do produto, etc.)
Informo que a ausência de uma resposta de V. Exas. ao supra descrito originará queixa para as entidades competentes e para Associação de Defesa do Consumidor
Junto: contrato, recibo de compra, embalagem do produto, fotografia do bem defeituoso e ou dos prejuízos causados, garantia, etc. (conforme os casos)
Com os melhores cumprimentos
Local,_____ data_____

O consumidor

NOTA: O consumidor deverá conservar cópia certificada de todos os documentos que enviar ou enviar cópia certificada, de modo a poder exercer os seus direitos juntos das instâncias de fiscalização e controlo e das associações de defesa do consumidor.

Minuta para exercício do Direito de Livre Resolução

Exmo. Senhor
(Morada)

Assunto: Livre resolução do contrato de aquisição de bens ou serviços (riscar o que não interessa)

Eu, ____ (nome, morada), na data _____, em _____ (indicar local e modo de compra ou nome do estabelecimento, conforme os casos), **adquiri** _____ (explicitar produto/serviço), conforme contrato/recibo (riscar o que não interessa) de que junto cópia em anexo.
Por estar dento do prazo de livre retratação venho por este meio resolver o dito contrato.
Junto: cópia do contrato, ou do recibo ou da nota de encomenda, conforme os casos
Com os melhores cumprimentos
Local _____, data_____

O consumidor

NOTA: O consumidor deverá conservar cópia certificada de todos os documentos que enviar ou enviar cópia certificada, de modo a poder exercer os seus direitos juntos das instâncias de fiscalização e controlo e das associações de defesa do consumidor.

LÉXICO

Exclusivamente para mais fácil compreensão do guia do consumo

Acordos de Boa Conduta: Documentos destinados a reger as relações de consumo entre profissionais, fornecedores ou prestadores de serviços, e os respectivos adquirentes, que são negociados entre as Associações de Defesa dos Consumidores e os profissionais de uma determinada actividade, ou as estruturas representativas destes.

Acção inibitória: Acção judicial destinada a proibir a utilização ou a recomendação de uso de determinadas cláusulas contratuais gerais, pré-elaboradas, incluídas nos contratos de adesão apresentados aos consumidores, independentemente da sua inclusão em contratos singulares ter ou não ocorrido.

Acção popular: Acção judicial que tem por objecto a prevenção, cessação, ou condenação de uma pessoa, física ou colectiva, pela prática de infracções a direitos e interesses difusos previstos na lei, designadamente: a saúde pública, o ambiente, a protecção do consumo de bens e serviços, a qualidade de vida o património cultural e o domínio público. Tem legitimidade para interpor estas acções qualquer cidadão no gozo dos seus direitos civis e políticos, bem como as associações e fundações defensoras dos interesses em causa, independentemente de terem ou não interesse directo na demanda, as autarquias locais e o Ministério Público.
Nos processos de acção popular o autor representa, por iniciativa própria, com dispensa de mandato ou autorização expressa, todos os demais titulares dos direitos ou interesses em causa que não tenham exercido o direito de auto-exclusão.

Bem móvel: Produto, incluindo os produtos agrícolas, mercadoria, coisa criada, fabricada ou produzida pelo homem e destinada ao consumo, também denominada coisa corpórea, com existência física que pode ser vendida ou transaccionada autonomamente, sem o contrato estar sujeito à forma de escritura pública, podendo o negócio estar ou não sujeito a registo. Os bens móveis sujeitos a registo são os automóveis, barcos e aviões. Os bens imóveis são os terrenos e as construções neles implantadas, como as casas as fábricas, os prédios e os respectivos apartamentos. A venda de imóveis está sujeita a escritura pública e o negócio está sujeito a registo.

CAMEP: Comissão de Aplicação de Coimas em Matéria Económica e de Publicidade, que funciona junto da Direcção Geral do Consumidor.

Cláusulas leoninas: As cláusulas de um contrato que aniquilam os interesses da outra parte, seja atribuindo todos os direitos ao profissional e exonerando-o de todos os riscos do contrato, seja atribuindo ao consumidor todos os deveres, riscos e responsabilidades. As cláusulas leoninas são proibidas nos contratos de consumo.

Cláusulas contratuais gerais: As que constam de um contrato pré-elaborado que é apresentado à outra parte sem que esta o possa negociar, no todo ou em parte.

Cláusula contrária à boa-fé contratual: Só pode ser determinada em concreto. Para determinar se uma cláusula contratual geral é ou não contrária à boa-fé devem ponderar-se os valores fundamentais do direito, relevantes face à situação considerada, especialmente: a) a confiança suscitada nas partes seja pelo sentido global do texto do contrato, seja pelo processo de formação do contrato singular, seja pelo teor do mesmo contrato singular, seja por quaisquer outros motivos atendíveis; b) o objectivo que as partes em confronto visaram obter com o contrato, devendo procurar-se a efectivação desse objectivo à luz do tipo de contrato utilizado.

Centros de Arbitragem de Conflitos de Consumo: Entidades que promovem a resolução extrajudicial de conflitos de consumo numa determinada área geográfica. Em *www.portaldocidadao.pt* encontra informação sobre os Centros de Arbitragem existentes suas competências, área territorial, horários de funcionamento, etc.

Coima: Quantia em dinheiro devida pela prática de infracção que a lei não qualifica como crime, mas qualifica como contra-ordenação.

Coisa: Bem, produto, mercadoria e, em geral, tudo o que pode ser transaccionado independentemente de ter suporte físico. É o bem corpóreo ou incorpóreo, dotado de autonomia e capacidade para ser objecto autónomo de relações jurídicas.

Condições hígio-sanitárias dos bens: condições de conservação e consumo.

Conflito de consumo: Diferendo que opõe o consumidor ao produtor, ou a qualquer elo da cadeia produção, distribuição e venda, seja relativamente às qualidades e ou às características de um bem ou serviço adquirido, seja relativamente às condições do negócio.

Contra-ordenação Infracção a regra de conduta (nomeadamente dos profissionais produtores, fornecedores, distribuidores, vendedores e prestadores de serviços aos consumidores) que a lei não qualifica como crime, punível com coima aplicável por autoridade administrativa.

Contratos de adesão: São aqueles que são constituídos por cláusulas contratuais gerais.

Contrato à distância: O que é celebrado sem a presença física simultânea das duas parte no contrato: o consumidor, por um lado, e o fornecedor ou prestador de serviços, por outro.

Contrato anulável: Aquele que produz efeitos e é tratado como válido até ser anulado pelo tribunal, não obstante a falta ou vício de um elemento interno ou formativo, destinado a proteger os interesses de uma das partes.

Contratos celebrados presencialmente: Os que são concluídos ou celebrados na presença das partes: fornecedor/vendedor e o consumidor.

Contrato de empréstimo: Aquele pelo qual uma das partes disponibiliza à outra o uso de um determinado bem, seja a título gratuito seja a título oneroso.

Contrato nulo: Aquele que não produz qualquer efeito por conter um vício ou a falta de um elemento interno, ou formativo, necessário ao contrato por motivos de interesse público. O consumidor tem de requerer ao tribunal a nulidade do contrato para esta poder operar os seus efeitos.

Contrato de troca ou permuta: Aquele através do qual as partes entregam e recebem reciprocamente bens com o mesmo ou similar valor económico, respeitando a forma que a lei exige para a transacção de bens objecto do negócio.

Danos materiais: Prejuízo causado em coisas, ou no património, de uma pessoa

Danos morais: Lesões de direitos de natureza pessoal, que não são susceptíveis de avaliação em dinheiro, correspondendo, por exemplo, a dores físicas, sofrimentos psicológicos, angústias, etc.

Danos não patrimoniais: O mesmo que danos morais

Desmistificação da publicidade dos produtos: É a análise objectiva das características efectivas do produto e das suas utilidades comprovadas, contraposta à publicidade que só realça e hiperboliza as suas hipotéticas vantagens.

Devolução em singelo: Devolução dos montantes pagos pelo consumidor sem qualquer dedução. Pagamento simples, sem juros ou taxas ou qualquer montante adicionado, seja a que título for.

Directivas: Tipo de leis publicadas no Jornal Oficial da União Europeia, que se destinam a concretizarem, por pequenos passos, uma ou mais, das quatro liberdades fundamentais do Tratado: liberdade de circulação de produtos, serviços, pessoas e capitais dentro da União Europeia. As Directivas estabelecem um determinado resultado a ser obtido em certo prazo por todos os Estado Membros da UE, mas deixam aos Estados Membros alguma possibilidade de estabelecer os meios e os modos de obter esse resultado. Durante esse prazo, ou período de transposição, as Directivas não são directamente aplicáveis. Findo esse prazo as

Directivas são susceptíveis de, em determinadas circunstâncias, terem uma aplicação directa. As directivas são Direito Secundário da União Europeia.

Directivas transpostas para a ordem jurídica interna: São os Decretos-lei do governo ou as Leis do Parlamento que integram no direito interno português o conteúdo essencial da matéria constante das Directivas que lhe deram origem.

Direito à livre resolução do contrato: O mesmo que direito de retratação.

Direito de retractação: Direito à resolução do contrato sem necessidade de indicação do motivo da resolução e sem pagamento de qualquer indemnização seja a que título for durante determinado período.

Direito individual homogéneo: direito de um consumidor que é igual ao de outros consumidores e que tem origem no mesmo facto ou situação.

Dolo: comportamento intencional do agente relativamente à prática de certo facto; pode assumir as variedades de dolo directo, de dolo necessário ou de dolo eventual; no dolo eventual, a pessoa está ciente da possibilidade de ocorrer um determinado resultado e, no entanto, aceita-o.

Embalagem: Produto que envolve e protege o produto de consumo. A embalagem está sujeita a normas europeias. Para mais informação consulte *http://europa.eu.scadplus*.

Entidades Reguladoras: Instituições ou organismos criados pelo Estado para estabelecerem as regras relativas a determinadas actividades e que são dotadas de poderes administrativos que lhes permitem tornar efectivas as suas decisões, nomeadamente através da aplicação de coimas.

Entidades de supervisão para o comércio electrónico: As que constam da lei do comércio electrónico como tendo competência para tal. A ANACOM é a entidade de supervisão central cabendo-lhe as competências que não estejam atribuídas a uma entidade de supervisão sectorial, como por exemplo a Comissão para a Protecção dos Dados

Pessoais Informatizados, o Banco de Portugal, a Comissão dos Mercados de Valores Mobiliários; o Instituto de Seguros de Portugal, entre outras.

Espaço Económico Europeu: Território constituído pelos países da União Europeia e pelos países europeus não pertencentes a esta, mas que têm acordos especiais sobre circulação de bens, a qual é equiparada à dos produtos internos da União.

Extrapolação: Inferência ou dedução, por influência de casos já conhecidos, que ultrapassa o campo de validade destes.

Firma: Nome de uma pessoa colectiva.

Interesse Difuso: Direito ou interesse que é colectivo por natureza, insusceptível de apropriação individual, e cuja violação afecta toda a comunidade ou pelo menos um número indeterminado e indeterminável de consumidores, como por exemplo o direito dos consumidores à qualidade da água de uma piscina pública ou à qualidade do ar de um hospital.

Legislação transposta: O mesmo que Directivas transpostas para a ordem jurídica interna.

Não conformidade: Falta de correspondência entre o produto e o que consta no contrato. O vendedor tem o dever de entregar ao consumidor produtos que estejam em conformidade com o contrato de compra e venda. Presume-se que os bens de consumo não são conformes com o contrato quando se verifica pelo menos um dos seguintes factos: a) Os produtos não correspondam à descrição que deles foi feita pelo vendedor ou não possuam as qualidades que o vendedor apresentou ao consumidor como amostra ou modelo; b) os produtos não sejam adequados ao uso específico para o qual o consumidor os destinou quando tenha informado o vendedor do uso pretendido no momento da celebração do contrato e o vendedor o tenha aceite; c) os produtos não sejam adequados às utilizações habitualmente dadas aos bens do mesmo tipo; d) os produtos não apresentarem as qualidades e o desempenho habituais nos bens do mesmo tipo e que o consumidor pode razoavelmente esperar, atendendo à natureza do bem e, eventualmente, às declarações públicas sobre as suas características concretas feitas pelo vendedor, pelo produtor ou pelo seu representante, nomeadamente na publicidade ou na rotulagem. A falta de conformidade resultante de má instalação do bem de consumo é equiparada a uma falta de conformidade do bem, quando a instalação fizer parte do contrato de compra e venda e tiver sido efectuada pelo vendedor, ou sob sua responsabilidade, ou quando o produto, que se prevê que seja instalado pelo consumidor, for instalado pelo consumidor e a má instalação se dever a incorrecções existentes nas instruções de montagem.

Operador de técnica de comunicação: Qualquer pessoa singular ou colectiva, pública ou privada, cuja actividade profissional consista em pôr à disposição dos fornecedores de bens ou serviços uma ou mais técnicas de comunicação à distância.

Preço de venda aos consumidores: O preço total que estes têm de pagar e que inclui sempre todos os impostos.

Predisponente: O contratante que apresenta, directamente ou através de representante, um contrato pré-elaborado a outra pessoa. Pessoa que apresenta as cláusulas contratuais gerais para aceitação da outra parte, o consumidor.

Proponente: Destinatário indeterminado de um bem ou serviço; pessoa singular ou colectiva que propõe a outrem que lhe forneça um bem ou serviço, por exemplo um serviço financeiro ou um seguro. Nos casos referidos, por exemplo, o consumidor propõe à seguradora que aceite segurar um determinado risco por um determinado preço e a seguradora aceita ou não. De igual modo, num contrato com uma instituição bancária, o consumidor propõe que lhe seja prestado o serviço bancário ou financeiro pretendido e a instituição aceita ou não, depois de ponderar os riscos da operação em concreto.

Prestação de serviços: Todo o contrato que não seja relativo bens físicos, também designados como bens corpóreos, ainda que possa exigir a utilização de um bem físico, como por exemplo, a utilização de champô, tintas, lacas, cremes, etc. numa prestação de serviço de cabeleireiro.

Proteccionismo: Doutrina económica assente na protecção da agricultura e da indústria de um país, através da concessão de apoios do Estado às empresas internas e do estabelecimento de impostos e taxas para os produtos importados. O proteccionismo assenta igualmente na regulamentação governamental relativa às características dos produtos e serviços importados, às regras de importação e aos requisitos dos importadores, com vista a impedir ou dificultar as importações, em ordem a promover o consumo dos produtos fabricados ou criados nesse país.

Relações de consumo: As que se estabelecem entre um profissional no exercício da sua profissão e o consumidor privado.

Regulamento: Lei da União Europeia (UE) publicada no Jornal Oficial da UE (JOUE) que vigora directamente e por igual em todos os Estados Membros da União Europeia (EM). O Regulamento aplica-se independentemente de ser ou não publicado em Diário da República e é obrigatório em todos os seus termos e em toda a sua extensão.

Responsabilidade objectiva do produtor: Obrigação de reparar danos causados ao consumidor ou terceiros independentemente da existência de culpa.

Resolver o contrato: Pôr fim ao contrato, desfazer o contrato.

Rotulagem: O conjunto de indicações, menções e características dos produtos que têm obrigatoriamente de ser apostos na embalagem de um produto. A rotulagem faz-se por meio de rótulos, etiquetas, cintas, gargantilha, etc.

Há elementos obrigatórios de rotulagem na maioria dos produtos e que são: designação do produto pelo seu nome (arroz, pão, peixe, soja, etc.); lista de ingredientes e aditivos e respectivas quantidades por ordem decrescente; quantidade líquida por embalagem (expressa em litros ou quilogramas); prazo de validade; condições especiais de conservação e consumo; região de origem do produto; indicação do lote do produto ou outra menção que o permita identificar.

A rotulagem tem de ser feita em português, legível e com linguagem simples e clara para um consumidor médio. Mais informações em *www.consumidor.pt* ou *http://europa.eu.scadplus*

Serviço da sociedade da informação: Qualquer serviço prestado à distância por via electrónica, mediante remuneração, ou pelo menos no âmbito de uma actividade económica, na sequência de pedido individual do destinatário, que só pode ser satisfeito por essa via.

Suporte durável: Qualquer instrumento que permita ao consumidor armazenar informações de um modo permanente e acessível para referência futura e que não permita ao consumidor nem ao fornecedor manipular unilateralmente as informações armazenadas.

Técnica de comunicação à distância: Qualquer meio que, sem a presença física e simultânea do fornecedor e do consumidor, possa ser utilizado tendo em vista a celebração do contrato entre ambos.